U0684454

大数据时代思想政治教育创新发展研究

孙微微 著

北京燕山出版社

图书在版编目（CIP）数据

大数据时代思想政治教育创新发展研究 / 孙微微著
. -- 北京：北京燕山出版社，2023.8
ISBN 978-7-5402-7043-8

Ⅰ.①大… Ⅱ.①孙… Ⅲ.①思想政治教育—研究—
中国 Ⅳ.① D64

中国国家版本馆 CIP 数据核字 (2023) 第 175994 号

大数据时代思想政治教育创新发展研究

著者：孙微微
责任编辑：战文婧
执行编辑：温天丽
封面设计：张　肖
出版发行：北京燕山出版社有限公司
社址：北京市西城区椿树街道琉璃厂西街 20 号
邮编：100052
电话：86-10-65240430（总编室）
印刷：天津和萱印刷有限公司
成品尺寸：170 mm × 240 mm
字数：184 千字
印张：10.25
版别：2024 年 3 月第 1 版
印次：2024 年 3 月第 1 次印刷
ISBN：978-7-5402-7043-8
定价：62.00 元

作者简介

孙微微，女，满族，吉林东丰人，毕业于哈尔滨师范大学文学院历史系，现任中共葫芦岛市委党校党史党建教研室副主任、副教授，葫芦岛市党建研究会副会长。长期从事党史党建专业教学与研究，参与编写《塔山阻击战纪实》一书，主持省委党校系统决策咨询和新型智库专项研究课题2项，主持市级课题1项，参与省、市级课题数项，发表论文数篇。

前　言

社会不断发展，科技不断进步，大数据技术也得到了更为普遍的应用，新时代背景下，大数据已经成为人们生活与工作的重要组成部分。从大数据时代背景出发不难发现，社会各个领域都在不断发生着变化。高校的思想政治教育是尤为重要的一项工作，目前，大数据也已经在其中发挥了重要的作用，思想政治教育的发展也呈现出多元化的显著特点。面对新的形势，高校的思想政治教育要如何创新发展成为一个值得深入研究的课题。

全书共六章：第一章为思想政治教育及其载体变革，主要阐述了思想政治教育的概念与内涵、思想政治教育的总体现状、思想政治教育新旧载体的内涵与特征等内容；第二章为大数据时代的来临，主要阐述了大数据的产生与发展背景、大数据技术的发展动因、大数据的应用价值与时代背景、大数据在教育领域的应用等内容；第三章为教育大数据的价值，主要内容为教育大数据概述、大数据之于教育的价值等；第四章为大数据时代思想政治教育创新的理论述说，主要内容为大数据时代思想政治教育创新概说、大数据时代思想政治教育创新的理论基础、大数据时代思想政治教育创新契机、大数据时代思想政治教育创新存在的问题与归因等；第五章为大数据时代思想政治教育创新发展对策，主要阐述了大数据时代思想政治教育观念变革、大数据时代思想政治教育机制完善、大数据时代思想政治教育方法优化、大数据时代思想政治教育平台搭建等内容；第六章为大数据时代思想政治教育精准化发展，主要阐述了大数据时代思想政治教育精准化发展的价值、大数据时代思想政治教育精准化发展的策略等内容。

在撰写本书的过程中，借鉴了国内外很多相关的研究成果以及著作、期刊、论文等，在此对相关学者、专家表示诚挚的感谢。

由于本人水平有限，书中有一些内容还有待进一步深入研究和论证，在此恳切地希望各位同行专家和读者朋友予以斧正。

目　录

第一章　思想政治教育及其载体变革

　　将大数据应用于思想政治教育中，能有效提升教育的信息化和个性化水平，也能使教育更具科学性和有效性。思想政治教育的载体指的是进行思想政治教育承载和传导的因素，在具体的思想政治教育过程中，这一载体指的是一种有效的教育活动形式。随着信息技术的不断进步，各种各样的数据信息充斥在我们周围，在思想政治教育的过程中，伴随大数据的发展也出现了新的思想政治教育载体，同时新的载体也促进了思想政治教育主体和客体之间的联系。本章分为思想政治教育的概念与内涵、思想政治教育的总体现状、思想政治教育新旧载体的内涵与特征三部分。

第一节　思想政治教育的概念与内涵

一、思想政治教育的概念

　　思想政治教育是指"社会或社会群体用一定的思想观念、政治观点、道德规范对其成员施加有目的、有计划、有组织的影响，以形成符合一定社会或一定阶级所要求的思想品德的社会实践活动"。这是目前学界广为认可的思想政治教育的定义。

　　学生是国家和民族发展的重要组成力量，是建设社会主义现代化强国的活力与保障。当今世界的竞争在某种意义上说就是青年人尤其是大学生的竞争。思想政治教育工作的关键在于"培养什么人、怎样培养人以及为谁培养人"这个根本问题。在全面贯彻党的教育方针的基础上，落实立德树人这一根本任务。既要充分信任学生、关心关注学生、严格要求学生，又要为学生搭建更广阔的舞台，为学生提供更丰富的机会。学校不仅要关心学生的心灵发展，引导学生树立正确的世界观、人生观、价值观，还要鼓舞学生承担起历史使命。因此，思想政治教育就是指按照国家颁布的人才培养目标和要求，遵循学生的思想发展规律，依照不同学生群体实际的思想、行为特点实施的兼具政治教育、思想教育、道德教育、法律教育等方面的理论知识及实践教育活动。

二、思想政治教育的内涵

思想政治教育的内涵从本质上说是思想政治教育实践对现实人的需要以及社会发展需要的满足。思想政治教育就是要对人的不同种类的需求进行分析，然后对那些合理和不合理以及不同层次的需求进行区分，从而开展思想政治教育，解决需求得不到满足的问题或不同需求先后满足的问题。人既有追求物质利益的客观需求，同时也有自我价值实现和人格关怀等多层次的精神需求，而且这些不同的需求之间都是互相联系、互相影响的，思想政治教育落实到实践上必须先实现人的需要。

三、大学生思想政治教育的特点

（一）大学生思想活动的特点

大学生群体人数众多，且处于少年与青年衔接的年龄层，即在校学习与步入社会的过渡阶段，是十分宝贵的人才资源。大学生的思想道德素质与科学文化素质会直接影响到国家、民族的前途与命运。因此，高校必须要根据大学生的思想发展特征科学规划大学生的思想政治教育，为大学生的身心健康发展提供正确、科学的指引。

在社会信息化过程中，互联网信息技术飞速发展，社会阶层意识凸显，思想观念更替迅速，利益格局变动迅速。环境的快速变化影响着大学生的性格发展、行为，大学生的思想活动也相应呈现出新的特点。

一是大学生个体意识增强。过去，生产力发展水平较低，社会网络技术欠发达，信息传播缓慢，思想发展变化较慢且相对固化，人们易于将思想依赖于某一外在物体。随着改革开放的不断深化，人们更加关注"效率"的重要性，与此对应的是更加重视"公平"的概念。在生产实践过程中，也更加注重将责任落实到个人。因此，更多的个体开始了独立的思考与分析。尤其是新时代的大学生，在新的历史条件下，大学生的独立性、主动性、个体意识显著增强，富有改革与批判精神。

二是大学生思想活动的选择性增强。过去，不少人盲目地追求一致性，对"集体主义"的理解存在偏差，将"集体"绝对化，弱化了个性发展需要。现在，改革开放促进国家经济发展的同时，也为人们思想的发展提供了广阔的平台与空间，如交通工具的便利与 GPS 技术的广泛运用，使大学生的出行方式有了更多选择，同时提高了大学生对生活的满意度。外来文化的影响以及社会主义制度自身的不断优化，为大学生提供了更多的价值判断标准、文化接收样式、思想活动路径。丰富的行为活动选择空间与思想活动的创造空间为大学生的选择提供更多可能性。

（二）新时代大学生思想政治教育的特点

新的时代发展背景下，大学生的思想特点呈现出新的变化，教育者在遵循大学生思想政治教育规律的基础上，不断更新教育内容和教学手段，与时俱进。新时代大学生思想政治教育主要呈现出以下两个特点。

一是具有强烈的时代性。事物的发展前进除了依靠自身内部的系统优化动力，还需要环境的支持。环境作为外在力量推动事物发展，其包括生态环境、社会环境、时代环境、国际环境等。思想政治教育的发展前进也不例外。新时代经济和科技迅猛发展、时代和社会飞速进步，大学生具有超强的活力与求知欲，迫切地想要了解新鲜信息、新鲜事物，获得新鲜的体验。其中既有大学生积极接收社会主义文化和优秀传统文化教育，以此完善自身知识框架、认知框架的过程，也不乏部分学生在西方思潮侵蚀下，动摇政治立场，思想矛盾逐渐激化的现象。因此，这就要求思想政治教育发展应紧跟时代主流思想发展步伐，帮助大学生在鱼龙混杂的信息狂潮中学会甄别，尤其要根据大学生思想的实际情况，推动思想政治教育的高质量发展。

二是具有鲜明的政治性。大数据时代，鱼龙混杂的信息旋涡、各种各样的信息表现形式，为大学生的信息选择带来困难。时代要求大学生要拥有具有与之相应的分析、判断信息真伪、正确与否的能力。拥有这些能力的必要条件就是具有正确的政治立场、政治态度、政治素质。大学生政治素质的提高需要思想政治教育工作者的课堂教学，需要为大学生学习生活的各个方面提供正确的政治指引。大数据时代的大学生，在面对网络舆论纠纷时，多数都会有不偏离政治导向的基本判断，不再是偏激的冒险主义者，而是以理性的思考来应对。这些学生忠于中国共产党的领导，拥有崇高的理想信念和正确的世界观、人生观、价值观，可以处理好个人利益与国家利益的关系，也能为实现中华民族伟大复兴而不懈奋斗。

第二节 思想政治教育的总体现状

一、思想政治教育取得的成绩

（一）思想政治教育地位不断强化

高等院校把思想政治教育摆在什么位置，提高到什么程度，是关系社会主义大学的性质和方向的根本性问题。一直以来，党和国家都高度重视思想政治教育工作，并不断出台了一系列加强和改进高校思想政治教育工作的方针政策，并认为"加强和改进思想政治教育工作，事关党的前途命运，事关国家长治久安，事关民族凝聚力和向心力"。

进入大数据时代以来，各地高校坚持以马克思主义为旗帜，以习近平新时代中国特色社会主义思想为指导，贯彻落实全国高校思想政治工作会等会议精神，学习领会各项思想政治教育工作重要论述，坚持把"三全育人"作为完成立德树人使命的总抓手，树立了全方位育人的教育理念。

（二）思想政治教育资源不断丰富

思想政治教育资源是高校开展思想政治教育的重要依据，是事关教育教学成效的重要因素。大部分学生对思想政治教育资源都有一定清晰的认知，能够认识到思想政治教育资源不只局限于物质资源，更包含丰富的精神文化资源。当代大学生获取思想政治教育资源的途径十分多样化，而渠道的多元化促进了思想政治教育资源的不断丰富和完善，这些丰富且多样化的思想政治教育资源的利用，为高校思想政治教育水平的提升提供了重要的资源保障。

（三）思想政治教育实效性不断增强

增强思想政治教育实效现已成为教育部门和各高校关注的重点和焦点。高校是教育人和培养人的关键阵地，也是意识形态工作的前沿阵地，肩负着宣扬和传播国家政策举措的重大责任，承担着为实现中华民族伟大复兴中国梦提供人才保障和智力支持的重要任务，担当着培养学生坚定的政治信仰、高尚的道德素养、正确的价值观念的重大使命。做好立德树人理念的"落地""生根""发芽"，占领高校意识形态主阵地，事关中国大学的办学方向，事关中国特色社会主义事业是否后继有人。

（四）思想政治教育管理不断加强

1. 管理育人的制度建设得到加强

随着国家对高校管理育人及其功能注意力分配的增加，管理育人工作不断得到重视。针对我国思想政治教育建设的新形势，党和国家领导人不断要求高校教育管理部门和高校加强管理，做好思想政治教育工作。例如，习近平总书记多次强调高校要以"立德树人"为根本，"因事而化、因时而进、因势而新"，做好育人工作，并要求高校完善管理体系，全面推进育人工作。领导人的重视是"治理中分配注意力、贯彻领导意志、分配稀缺资源的重要机制"。领导人对高校管理工作的重视促使国家和高校层面不断加强高校管理制度建设，一些关于思想政治教育、高校管理的文件陆续出台，为高校加强管理育人工作奠定了制度基础。

2. 管理队伍的骨干力量得到加强

加强管理队伍建设是进一步发挥高校管理育人功能的内在要求。自 2015 年以来，国家有关部门和各高校不断加强管理人才队伍建设，储备和培养了一批骨干力量，为管理育人功能的发挥奠定了人才基础。首先，加强辅导员队伍和班主任队伍人员配备。教育部虽未强制推行班主任制度，但鼓励高校实施班主任制度，支持有组织管理能力的中青年教师担任一线大学生管理者，夯实一线管理力量。总的来看，我国高校的辅导员和班主任队伍在不断扩大，管理力量得到加强。其次，加强辅导员队伍和班主任队伍建设。一是建立培训机制，提升队伍素养。政府和各高校不断完善高校辅导员培训机制，提升一线管理者的综合素养和专业能力。二是建立激励机制。比如，开展"最美高校辅导员""高校辅导员年度人物"推选展示活动，激励辅导员投身教育管理工作。同时，高校管理干部队伍建设也得到加强。

3. 大学生的综合素质得到提升

管理育人的目的在于实现立德树人的目标，向社会输送符合时代需求的人才。学生就业率体现了高校培养的毕业生被社会接纳的情况，而学生的道德品行则是观察学生德智体美劳全面发展情况的重要窗口之一。学生就业率不仅受社会整体经济环境的影响，而且与学生的职业技能和思想品德修养也有直接的关系。企业择人不仅重视人才的专业技能，也关注人才的思想品德和行为举止。在社会经济发展条件相当的情况下，学生就业率越高，在一定程度上也证明了学生的职业技能和思想品德越高。

（五）思想政治育人格局不断完善

落实立德树人根本任务，要求高校加快推动"三全育人"工作格局的形成，建立健全思想政治教育长效育人机制。要提升高校思想政治工作的质量，就应充分发挥课程、科研、实践、文化、网络、心理、管理、服务、资助、组织等工作的育人功能，挖掘育人要素，完善育人机制。各高校纷纷采取有力措施，主动开展工作，完善"三全育人"工作机制，初步形成了"人人育人、时时育人、处处育人"的育人模式，创造了许多成功做法，积累了宝贵的经验。

第一，凝聚育人合力，实现全员参与。要整体推进高校教师等队伍建设，保证这支队伍后继有人、源源不断。随着高等教育的发展，高校日益重视各部门所具备的育人功能，充分利用不同岗位的教育资源，充分发挥各育人主体的育人优势，形成"以教师队伍育人为主体、以思想政治工作队伍育人为支撑、以管理服务队伍育人为保障"的结构。各地各高校对全员育人模式进行积极探索，全员育人工作取得了显著成效。

第二，延伸育人范围，实现全过程培养。全过程育人是指将思想政治教育工作融入学生从入学到毕业的整个过程之中，不断扩大教育范围，形成育人链条。依据学生的成长发展规律，根据学生所处的不同阶段、年级和专业，设计教学活动，增强教育的针对性。思想政治教育工作是一项系统工程，要加强"一体化"思想政治格局与中小学德育的衔接，《新时代学校思想政治理论课改革创新实施方案》要求加速推进大中小学思想政治课一体化建设，由浅入深，有效提升教育工作的针对性和实效性。"十大"育人体系（课程育人质量提升体系、科研育人质量提升体系、实践育人质量提升体系、文化育人质量提升体系、网络育人质量提升体系、心理育人质量提升体系、管理育人质量提升体系、服务育人质量提升体系、资助育人质量提升体系、组织育人质量提升体系）要求高校将思想政治教育贯穿学生在校的各个环节。如清华大学为了促进学生在校期间多样化成长，积极发掘重大活动和重要历史契机中蕴含的思想政治教育元素，依托各类学生团体，因势利导开展思想政治教育。

第三，拓展育人平台，实现全方位育人。全方位育人是指打通校内校外、课内课外、线上线下等通道，充分拓展各种教育资源，利用好教学载体，创新教学方式，努力实现育人工作的协同联动。高校通过搭建协同育人平台，壮大育人工作队伍，不断拓宽工作领域。如苏州大学将"校企合作、产教协同、科教融合"

理念贯穿人才培养全过程，与六十多家知名企业建立合作关系，邀请企业参与人才培养方案和课程体系的制订，聘请企业高级管理人员和资深技术人员担任兼职教授，积极搭建协同育人平台。

二、思想政治教育存在的问题

（一）道德素质培养重视度不够

思想政治教育的任务不仅是促进学生知识和学识的发展进步，其根本目的是引导学生掌握基本的道德知识，在此基础上将其内化为自身的德行素养，进而外化为具体的道德实践。而部分高校认为思想政治教育更侧重于基本理论知识的传授，对学生道德素质培养的重视相对不足。这会误导学生只重视自身学习成绩的提高，把学习重心放在科学文化知识和专业素养的提升上，致力于实现自身智育成绩的提高，容易陷入"唯成绩论"的泥淖中，误将自身所掌握的思想政治教育基本理论知识当作自身的道德素养，忽视道德知识的内化和实践，影响自身正确价值观念的形成和良好道德品质的养成，最终容易成为空有道德知识的"有德之人"。如果学校不能提高对道德素质培养的重视度，会导致思想政治理论课陷入理论知识灌输的牢笼，忽视学生道德认知能力和辨别能力的培养。当良莠不齐的多元价值观念充斥在学生周围时，学生将难以做出准确合理的判断和抉择，从而不利于思想政治教育质量的提升。

（二）思想政治教育载体单一

近年来网络信息技术和科学技术飞速发展，立德树人理念的内涵逐渐丰富和完善。高校作为信息和科技发展的前沿阵地，作为人才培养和聚集的重要场地，要在立德树人理念的指引下，积极从高新技术中寻发展、求创新，在与时俱进中实现自身的变革和发展。当代大学生获取信息的渠道逐渐趋于多元化，传统的思想政治课堂教学中的理论灌输模式已经难以满足学生学习发展的实际需求，迫切需要教育者不断提升运用网络教育载体的能力和水平，并将之应用于教育教学全过程以提升教育效果。在思想政治教育教学过程中，部分高校所采取的仍是传统的理论灌输式的教学模式，对其他教育载体的探索和运用不够深入。在新时代背景下，如果高校思想政治教育难以合理运用传统载体与新兴载体搭配、课程载体与实践载体融合发展的形式开展教育教学工作，将难以调动起学生学习的积极性和主动性，更不用说提高思想政治教育的实效性了。

（三）育人内容和形式较为固化

目前，无论是思想政治课程还是课程思想政治均存在与新发展阶段主动适应性不够的问题。育人内容和形式存在一定的教条与固化现象，未能完全实现同向同行、协同育人。当前高校各学科教学课程内容与育人工作的开展在一定程度上存在不匹配、不适应的情况，难以更好地实现育人的根本目的。相关调查发现，有些高校仅依靠专业课教师挖掘育人素材来实施课程思想政治，但未能从教材开发、教案设计、课程标准等方面及时跟进；有些高校的传统课程内容普遍具有极强的学术性和强逻辑表述，与思维活跃、个性鲜明的大学生形成强烈反差，限制了部分学生的积极性，导致部分学生缺乏兴趣，被动接受。

（四）教师队伍参差不齐

教师是立教之本、兴教之源，是学生成长路上的引领者，教师的一言一行、一举一动都在潜移默化中影响着学生正确价值观念的形成和良好道德行为习惯的养成。高校教师队伍肩负着发展新时代中国特色社会主义高等教育、落实立德树人根本任务的历史使命和时代重任。一名合格的人民教师必须同时具备扎实的专业素养和高尚的道德品质。而部分高校忽视教师队伍建设，一方面，缺乏相应的专业培训，"业不精"教师难以为学生答疑解惑，容易导致学生知识掌握不充分，学习成绩不理想，道德素质培养不足，进而容易产生"学生怀疑教师教学水平和综合素质"的问题；另一方面，忽视教师队伍的师德师风建设，"德不足"教师不能产生良好的道德榜样作用，甚至容易形成错误示范，严重影响学生良好道德品质的形成和发展。

（五）学生主观能动性不强

1. 自我教育意识薄弱

自我教育意识是大学生进行自我教育的前提和保障。大部分大学生对自我教育有一定认知，但普遍缺乏自我教育意识，学生进行自我教育的频率较低。自我反省、自我调节、自我管理等自我教育方面的调查发现，有少部分学生经常进行自我教育，大部分学生偶尔进行自我教育，还有少部分学生从不进行自我教育。

2. 自我教育方法单一

好的方法是成功的一半，只有多种方法配合使用才能促进自我教育长足进步。在进行自我教育的方式上，"理论学习"和"实践锻炼"最受大学生的青睐，其次分别是"朋辈交流"和"师长引导"。当前大学生自我教育方法比较单一，大学生未能熟练应用师长引导、朋辈交流或其他方法。

3. 自我教育能力不足

在自我教育方面存在的两大主要问题是"自我教育动力不足"和"缺乏自我教育习惯"，其次分别是"自我控制能力薄弱""自我认识评价欠缺"。由此可知，部分大学生缺少基本的自我教育内在认同感，在自我教育能力方面还存在很多问题，这些问题都严重限制了大学生进行自我教育。

三、思想政治教育存在问题的原因

我们党和政府始终高度重视学生的思想政治和品德教育工作，党的十八大明确提出立德树人是教育的根本任务。把立德树人作为高校教育的根本任务，必须加强社会主义核心价值观教育，突出理想信念教育、个人修养教育、民族精神教育、社会责任教育、现代公民教育，扎实推进学校立德树人的教育事业不断向前发展，切实提高教育教学水平，开拓创新、不断进步。然而，随着经济全球化和市场一体化进程的加快，科学技术的发展日新月异，各门类、各层次的学科和技术体系在向纵深飞速发展的同时也不断加速向其他领域渗透，当前错综复杂的国际形势和社会环境无不对学生思想政治教育产生着巨大影响。大数据时代的思想政治教育体系还有许多有待完善的地方，仍需努力探索和实践。究其原因，主要是由社会环境、学校环境、家庭环境、个体特征等四方面因素造成的。

（一）社会环境因素

社会文化因素不仅明确了思想政治教育系统的领导功能，而且从侧面反映了受教育者的思想行为规律。不同的民族区域、不同的文化背景、不同的生活习惯对学生的社会文化知识会产生较大的影响。有些学生对社会客观现象缺乏准确的认识，其社会文化基础也相对薄弱，当他们受到外界干扰的时候，就不能保持很强的鉴别孰是孰非的能力。因此，在社会文化环境不稳定的条件下，学生自身的思想政治教育水平很容易受到社会环境的干扰。因此，我们要把习近平新时代中国特色社会主义思想引入校园、揉进教材、深入课堂、融入学生头脑，努力培养德智体美劳全面发展的栋梁之材。

我们要积极探索建立全员育人、全过程育人、全方位育人的体制机制，不断增强思想政治教育工作的针对性、实效性、时代感和吸引力，并融合开展优秀传统文化、法治宣传、诚信、生态文明等教育活动。

社会环境的不足之处主要表现为以下两点。

1. 社会大环境较为复杂

环境在个人的成长和发展过程中有着隐性教育的重要功能，良好的思想政治教育环境能够对大学生道德素质的培养和人格魅力的塑造发挥潜移默化的引领和导向作用。然而，在市场经济和信息技术快速发展、多元文化频繁交流碰撞的影响下，社会大环境更为复杂多变，在一定程度上影响了高校立德树人根本任务的贯彻落实，影响了高校思想政治教育工作的质量和效果。

伴随着市场经济的飞速发展，社会物质财富不断积累，人们的总体生活水平得以显著提升，人们的竞争意识和创新精神也随之增强。但在市场经济发展进程中，不乏有人为了实现经济利益最大化而违背社会道德，将个人利益置于首位，从而衍生出各种利己主义、功利主义和享乐主义等。这不仅严重违反了市场秩序、污染了社会风气，更对思想政治教育环境产生了严重的负面影响。在这种环境的影响下，大学生群体之间个人主义、享乐主义、利己主义等观念迅速蔓延，致使部分大学生在集体活动中错误地秉持个人利益至上的态度，缺乏为集体贡献力量的主动性，在一定程度上弱化了大学生的社会责任感，不利于大学生正确价值观念的形成和发展。

信息技术和网络技术的普遍运用为高校思想政治教育的创新发展提供了技术支撑，但是其开放、自由和虚拟的特性也导致网络空间信息错乱杂糅，一些错误信息和虚假信息的传播和扩散，容易影响大学生正确价值观念的形成和发展。另外，一些不法分子利用网络平台宣扬马克思主义指导思想过时论、诋毁民族英雄、倡导资本主义真理论等，干扰大学生的政治信仰和理想信念，危害大学生的健康成长。网络空间中隐含的错误言论和意识形态会弱化我国青年学生对马克思主义的信仰，导致其不关心、不关注党和国家的大事，道德情感、法治意识和责任观念淡薄，不利于大学生的身心健康发展。

2. 协同育人机制不完善

在全方位育人的过程中，要全面覆盖育人领域，就要力图构建社会、家庭以及高校之间的协同育人机制，并形成可行性实施方案。全方位育人是一种系统化、制度化的培养体系，需要国家层面、各地方部门以及高校各单位制定相应的政策与制度规范，需要家庭、企业乃至各行各业都积极响应，主动配合。但目前部分单位和部门仅仅停留在"喊口号、拉横幅"的象征意义上，缺乏具备指导性和实际性的引领目标和具体实施方案。这导致育人成效难以量化评价，导致政府、企业和高校对人才培养质量难以进行客观评价和考核，对育人成果的评价监督缺乏系统完善的机制，社会大课堂的教学效果提升和"大思政课"的育人格局形成也因此大打折扣。另外，社会人才培养目标与学校育人培养目标要求存在一定偏差，全社会共同支持全方位育人的局面暂未形成。

（二）学校环境因素

学校是思想政治教育的主要场所，在"互联网+"背景下，要形成健康、绿色的校园文化，需要将多媒体技术和校园活动相结合。这体现在校园文化的创建与完善上。校园文化包含精神文化和物质文化，学校应在确保学生感受到校园文化魅力的同时，潜移默化地规范学生的在校行为，有利于完善师生的精神状态和价值取向，促进学生形成正确的三观。

当前，教师对于学生的思想政治教育的重视程度仍有待加强，思想政治课教师专业化一直得不到足够的重视，无论是学校还是学生都忽视了思想政治课的重要性，导致思想政治教育在学校的地位一直很低。习近平新时代中国特色社会主义思想是党和国家领导人、广大党员干部以及人民群众共同创造的智慧结晶，是经过人民检验、实践检验、历史检验的。而在日常的教育过程中，学校教师的教学方式大多是将国家的各种理论、思想、方针、政策机械式地"灌输"给学生，学生被动接受知识，容易产生抵触心理，学习效果也大打折扣。因此，在教学活动中，教师应该加强对学生学习主体地位的重视，引导学生产生共鸣。学校应强化对学生良好品德的培养，采用课上课下相结合的方式，将思想政治理论教育和社会实践相结合，让学生在亲身体验中获得更多的情感升华。

学校环境的不足之处主要表现为以下三点。

1.教育理念不够清晰

理论指导实践，教育理念指引着思想政治教育的发展方向。科学的、合理的教育理念对思想政治教育及其工作的开展具有积极作用，润物无声地推动着思想政治教育的发展，提升教育的实效；而消极的、落后的教育理念则不利于思想政治教育的发展，更遑论提升教育的实效。目前，高校思想政治教育存在前文所述问题的首要原因就是教育理念不清晰，致使思想政治教育工作的开展缺乏先进的教育理念的指导和推动。思想政治教育没有思想上的先导性，就难以有教育理念的落实和教育实践活动的发展。

在知识经济时代，人才资本不仅是各行各业寻求快速发展的重要资源，更是一个国家综合国力竞争的重要底气，这使得一些学校尤其重视能够创造物质财富的学科的发展，而相对忽视能够滋养学生道德和精神的学科的发展，因而造成了部分学校存在德育重视不足的问题。但是，丰厚的知识财富并不能代表一个人的综合素质，也不能决定行业的发展前景，更不能决定一个国家的国际地位。国家富强、民族进步、社会发展需要的是德才兼备的人。高校应充分理解立德树人教育理念的价值，真正贯彻落实德育为先、"三全育人"、全面发展的教育理念，明确"德"在个人发展和社会进步中所占据的举足轻重的地位。高校应转变和创新教育理念，促进人才培养模式改革，强化"以人为本、全面发展、创新教育、服务社会、开放办学、知行合一"的教育理念。国家和社会的发展进步需要大量德才兼备的人，而人才的培养靠教育，教育的发展需要科学理念的指引。为此，高校必须树立先进的教育理念，并始终坚持用科学的理论指导教育实践。

2. 教育载体开发尚存不足

思想政治教育作为一项教育人和影响人的实践活动，其教育目标的实现、教育方法的运用和教育内容的丰富乃至教育主客体之间的互动交流都离不开一定载体的支撑。传统的教育载体主要是指教材、书刊等纸质资料，思想政治教育教学工作的开展要在充分把握传统教育载体的基础上，发挥好课堂教学载体、实践活动载体和网络载体的重要作用。但是，目前部分高校对思想政治教育载体的开发和利用稍显不足，大量新型教育载体被闲置，难以发挥其对教育成效的增强作用。

随着教育理念的不断更新和完善，教育部门在重视课堂教学对增强思想政治教育成效的关键作用的同时，也强调实践育人的重要作用，但是也有一些学校的实际教学过程中的思想政治教育实践活动却处于"有名无实"的尴尬境地，实践活动载体利用不足，"在实践中检验真理"这一原理落实得不够。随着时代发展和科技进步，微博、微信等新兴媒体快速崛起，为文字的传播和信息的交流提供了极大的便利，思想政治教育也应紧紧把握新兴媒体技术的作用进行思想传播和价值引领。但是思想政治教育网络载体应用不足的现象时有发生，原因是学校的网络平台更注重学校情况、校园新闻、通知公告等信息内容的发布，忽视了具有价值引领、人文教育等思想政治教育元素的信息的发布和更新，导致很多学生缺乏浏览相应的网站的兴趣和动力，甚至认为这些网站"可有可无"，网络教育载体的实效欠缺。除此之外，红色电影、公益广告、志愿者服务活动都是思想政治教育的重要载体，但是有些高校并不重视甚至容易忽视其建设和利用，导致其隐性教育功能难以得到发挥。教育载体是实现教育目的的重要活动形式，其创新和发展关系着教育教学的成效。因此，在教育实践中，高校思想政治教育要注重传统载体和新型载体、课堂载体和实践载体的有机融合，实现协同育人。

3.教师队伍建设不够完善

教师是人类灵魂的工程师，承担着教书育人的重要职责，肩负着引导学生崇真、向善的重要使命。教师职业的特殊性决定了教师必须首先是遵纪守法和品德规范的合格公民，其次要有扎实的学识和高超的教学能力，才有资格教育和培养学生。"教，上所施下所效也"，教师的知情意行都是学生效仿的潜在对象，都容易对学生产生潜移默化的影响，教师就好比水源，如果源头上出现问题，那对学生和教育事业的发展都会产生非常恶劣的影响。

有些高校在选聘教师的过程中，将教师的理论知识和教学能力作为选拔的第一标准，不重视甚至忽视教师本身的德行合格与否，这一选聘弊端很有可能导致"有才无德之人"进入教师队伍，不仅影响教师队伍的整体水平，更给学生的整体发展埋下了隐患。有些高校在教师培训和考核方面，更侧重于对教师的知识和技能的培训，并将教师的科研成果作为教师考核和职称评定的首要标准，忽视教师道德品质这一考核标准，在政策和制度层面没有形成"重德"的良好氛围，使教师自身也容易弱化乃至忽视个人品德修养，进而影响高校思想政治教育的实效。另外，思想政治教育教师队伍承担着整个学校的思想政治理论课教学工作，工作强度大，再加上思想政治理论课教师的工资待遇相对较低、晋升空间相对较小、存在不同程度的转岗换岗问题等，这些都在一定程度上影响着高校思想政治教育的实效。

（三）家庭环境因素

家庭教育贯穿在学生教育的全过程，是现代国民教育和终身教育体系的重要组成部分。家庭教育中的主体——父母或其他监护人的教育是一个关键环节，有助于学生良好道德品质的养成，也是行为习惯养成的关键。但在当代中国，由于升学的压力，家庭教育重智育轻德育已经成为不容忽视的问题。

对于学生的教育，大多数家长仍依赖于学校和教师的全权负责，认为家庭只需关注孩子吃饱穿暖即可。这种错误认知对于孩子的成长有明显的弊端。德国教育家弗里德里希·威廉·奥古斯特·福禄贝尔（Friedrich Wilhelm August Fröbel）曾说过，一个国家和民族的命运与其说掌握在当权者手中，不如说掌握在母亲手中。这就很好地说明了家庭教育的重要性，父母对于子女教育有着至关重要的作用。以学生的阅读习惯养成为例，如果父母热爱阅读，孩子也会效仿父母，形成相对良好的阅读习惯。我国自古注重家庭教育，在历史的长河中，有"养不教，父之过"的警言，有"昔孟母，择邻处，子不学，断机杼"的典故，有"融四岁，能让梨"的美谈。因此，家庭教育有必要利用好每分每秒，父母有必要做好表率，传承经典美德，让家庭成为学生的第一教育课堂。

家庭环境的不足之处主要表现在以下两个方面。

1. 家长意识有待提升

虽然每位家长对子女的初衷都是好的，但是每个家庭、每位家长的素质、能力存在差异。部分家长处于"人到心未到"的状态，认为能按时满足子女的物质需要、为子女提供其成长所需的必备条件就已经算完成家长的任务了，缺乏对子女思想上、心理上的关注与教育。家长认为自己只需要承担子女的学费、生活费等，只要将子女送进学校，自己的使命就完成了，而对子女的培养和发展则是学校和老师的事情。而且部分家长忙于生计，与子女相处的时间越来越少，也不与学校主动沟通联系；还有部分家长认为子女已经成年，可以不用继续教育了，导致其对子女的心理状态、学习及生活情况一无所知，逐渐淡化了对子女的关注和教导。

2. 家长教育能力有待提高

部分家长处于"心有余而力不足"的状态。在家庭教育中，受自身文化水平和教育视野的限制，加之传统家庭教育观念的影响，部分家长对子女的教育方式简单粗暴，家庭教育能力与水平有待提高。以往的调查结果发现，很多家长都采取曾经所接受过的教育方法来进行家庭教育，如权威教育、命令教育等滞后陈旧的教育方式；也有部分家长采取物质奖励的方式来诱导子女注重高分、名校，忽视德育；还有一部分家长过于溺爱子女，导致子女在生活中逐渐产生攀比、爱慕虚荣的心理，这些错误的教育观念和方法或给子女造成极大的精神压力、学业负担，或误导子女树立了错误的价值观，不仅使家庭教育效果微弱，而且还使学校教育、社会教育成效减弱。

（四）个体特征因素

大学是接受学校教育的重要阶段，同时也是形成世界观、人生观、价值观的重要时期。大学生是受社会广泛关注的重要群体。大学生接受大学教育时期身心迅速发展，处于发展的黄金时期。这个时期的学生好奇心强烈，有明确的理想和追求，善于表现自我，做事极其果敢；但学习目的不够明确，容易受挫，容易产生消极情绪。

大学生要自觉加强思想政治理论学习，首先，应正确认识并学习课内的思想道德理论，提高自我认识水平。其次，培养良好的新媒体素质，提高网络安全意识，加强对信息的甄别能力，提升素养和意识。同时也要加强心理健康学习，强化自身心理建设，增强抗压能力。最后，适时参与社会实践，走出校园，走进社会，了解社会中各种角色的不同以及社会的变化与进步，增强责任感与使命感，明白自己学习的意义，将责任感与使命感内化为自觉学习的动力。

大学生的个体发展的不足之处主要表现在以下两个方面。

1. 自我教育水平偏低

部分大学生以掌握更多的专业基础知识为学习目标，未能发现自我教育对自身素质和能力培养的重要性，加之缺乏科学合理的指导，导致自我教育观念、教育水平偏低。另外，受社会负面因素的影响，部分大学生缺乏理想信念和人生追求。相关调查显示，目前绝大多数大学生还是采用传统自我教育方法，师长引导、朋辈交流的形式应用不够普遍，部分大学生受时代和个性发展的影响，变得不愿意跟老师、同学等进行交流，导致自我教育方式方法不丰富，影响自我教育效果。

2. 自我评价不清晰

从心理学角度讲，良好的自我概念会帮助个体协调自身，获得自我认同感。相关调查结果显示，部分大学生在实现人生目标的过程中不能正确认识自己，自律意识薄弱，对自身评价不够明晰，这就限制了大学生自我教育目标的确立及对自我教育的明确认知。例如，一些大学生对生活品质要求偏高，不能客观认识自我、自我定位不够准确全面，导致自身常年处于焦虑、抑郁等负面状态，自我满意度不断降低，进而产生心理冲突，这在很大程度上阻碍了自我引导、自我反思。还有部分大学生受追求潮流、超前消费的思想影响，出现过度消费、报复性消费行为，甚至在这一过程中逐渐迷失自我，从而逐渐丧失自我教育意识与能力，严重影响自我教育常态运行。

第三节 思想政治教育新旧载体的内涵与特征

一、思想政治教育传统载体的内涵

载体本来作为一个科技术语出现在化学领域，被广泛运用于科学技术各领域。从词义学看，载体是指能够承载信息和知识的物质形体。根据《古代汉语词典》可知，载有"负荷、承受"之义，如《荀子·王制》："水则载舟，水则覆舟。"

载体能够承载特定的信息和知识，是一种功能性范畴；有需要承载的物质，是一种对象性范畴；作为人们认识和改造世界的实践性产物，是一种目的性范畴。

在思想政治教育领域，思想政治教育载体这一概念于1992年被提出，但在此之前已有对于思想政治教育载体的研究，主要存在于"路径""方法""途径""方式""手段"等研究中。随着思想政治教育学科相关理论的研究不断深化，对于思想政治教育载体的研究从思想政治教育途径、方式、方法等研究中分化出来，成为独立研究对象。那么思想政治教育载体的概念如何界定呢？概念是反映事物一般属性和本质特征的一种思维方式。关于思想政治教育载体的概念，学者们根据其表现出来的一般属性和本质特征，从不同角度进行了论述，大致分为活动论、中介论、要素论等观点。活动论观点认为思想政治教育载体是在思想政治教育过程中，为实现特定的教育目的，承载着思想政治教育信息，连接主客体并使其发挥作用的活动形式。中介论观点认为思想政治教育载体作为承载教育内容的工具性要素，是实现思想政治教育目标的手段和中介。要素论观点认为思想政治教育载体作为连接教育者与受教育者的桥梁，是思想政治教育的基本要素之一。

上述各种观点对于思想政治教育载体的概念表述不同，但普遍认为思想政治教育载体必须同时满足两个基本条件：一是思想政治教育载体必须承载着特定的教育内容，并且可以被思想政治教育者操作；二是思想政治教育者和受教育者被这种形式所连接，并且借助这种形式进行互动。思想政治教育载体只有满足了基本条件才能发挥其作用，思想政治教育者与受教育者之间的互动才是有效的，只有当它们有了明确的思想政治教育指向性、蕴含了思想政治教育内容以后，才可以被称为思想政治教育载体。

认识既不是起因于自我意识的主体，也不是起因于会把自己烙印在主体上的客体，而是起因于主客体之间的相互作用。所以，思想认识的形成离不开主客体相互作用的结果。因此，在大学生思想政治教育过程中，正是教育者通过特定载体把思想政治教育的内容传递给受教育者，在这一过程中思想政治教育者与受教育者是相互影响、相互作用的双向互动有机体。

在思想政治教育的过程中，载体正是扮演"中介"或者"过渡者"的角色。综上，作为服务于高校思想政治教育实践的思想政治教育载体，其概念可定义为：在思想政治教育过程中，承载着思想政治教育的目的、任务、原则等内容和要素，且能被教育者所操作的联系着教育者与受教育者并使其产生互动的活动形式与物质实体。如图1-1所示，在思想政治教育过程之中，教育者与受教育者的互动只有通过思想政治教育载体才能进行。

```
┌──────────┐        ┌────────────────────┐        ┌──────────┐
│ 教育者   │ ⟷    │  思想政治教育载体   │ ⟷    │ 受教育者 │
└──────────┘        └────────────────────┘        └──────────┘
```

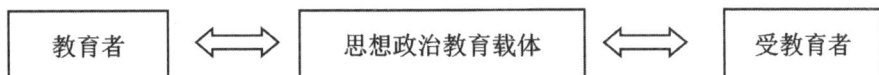

图 1-1 大学生思想政治教育过程

传统的思想政治教育载体往往受限于技术的发展，主要体现为以书本为主的实物载体和以课程为主的活动载体。过去，思想政治教育载体是指承载、传播思想政治教育内容，能为思想政治教育主体所运用且主客体可借此相互作用的一种思想政治教育活动形式。思想政治课程是学生在上学期间必修的课程，具有正式规范的国家课程标准与相应的思想政治教科书，是我国思想政治教育主要的载体形式，我们通过思想政治课堂教学载体将传统的文化价值理念传递给下一代。此外，我国非常重视通过思想熏陶以及陶冶情操来发展学生对马克思主义世界观和方法论的认识，坚定学生的中国特色社会主义共同理想，培养学生的国际视野，锻造能担当民族复兴重任的新时代青年。

二、思想政治教育传统载体的特征

特征是一个客体或一组客体特性的抽象结果，也是一事物区别于其他事物的显著标志。大学生思想政治教育载体是思想政治教育的重要组成部分，作为实现大学生思想政治教育目标的形式，其是联系教育者与受教育者的中介力量，在运用过程中主要展现出多样性、渗透性、可控性、思想性的特征。

（一）多样性

多样性是指大学生思想政治教育载体的种类丰富多样，不同载体发挥作用不同，且组合形式多样。加拿大著名传播学大师马歇尔·麦克卢汉（Marshall McLuhan）指出："媒介是社会发展的基本动力，也是区分不同社会形态的标志，每一种新媒介的产生与运用，都宣告我们进入了一个新时代。"

从历史发展角度看，在思想政治教育发展过程中，随着思想政治教育实践的不断发展、理论研究的不断深入以及科学技术的不断更新，思想政治教育载体的形态日趋多样，包括课程载体、活动载体、文化载体、谈话载体等。随着生产力的发展还会出现更多崭新的载体形态，思想政治教育的未来载体也呈现多样化发展的态势。

在思想政治教育过程中，不同的思想政治教育载体所发挥的作用是不同的，其组合形式是多样的，各种思想政治教育载体组成了互补、互融、互通的有机整体。在职业道德教育过程中，以理论灌输为主的课程载体是开展职业道德教育的主渠道，而以实践为主的"第二课堂"载体也发挥着职业道德教育的实践育人作用。此外，在大思想政治教育视域下，职业道德教育还可以通过"课程思想政治"的形式在专业课程中进行感受和习得。所以说，思想政治教育载体的多样性也决定了其发挥作用的多样性与组合形式的多样性。

（二）渗透性

所谓渗透性，即思想政治教育载体潜移默化地把思想政治教育内容传递给受教育者，使教育者和受教育者在双向互动中共同成长。思想政治教育载体作为连接教育者与受教育者的中介，承载着思想政治教育的内容、目的、任务、原则，这些思想政治教育信息只有通过载体才能够发挥作用，才能够潜移默化、润物无声地传递给受教育者。

（三）可控性

可控性是指思想政治教育载体可以被教育者把握与操控，也就是教育者掌握着载体运用的主导权。我国的高校肩负着培养德智体美劳全面发展的社会主义事业建设者和接班人的重大任务，"立德树人"是高校的根本任务，所以思想政治教育必须围绕学生、关照学生、服务学生，不断提高学生的思想水平、政治觉悟、道德品质、文化素养，让学生成为德才兼备、全面发展的人才。在这个过程之中，思想政治教育载体只有被教育者所控制，才能使思想政治教育实践紧紧围绕思想政治教育的目标进行。也就是说，在思想政治教育过程中，教育者要处在主导地位，掌握着载体运用的主导权。

（四）思想性

思想性是指思想政治教育载体承载内容的价值引领功能，代表了载体的生命力与意义空间。从系统论出发，思想政治教育载体作为高校思想政治教育的子系统，承载着思想政治教育信息，只有其承载的内容有价值引领的功能才能增强其生命力、感染力与引领力，才能满足学生需求、符合社会要求，为思想政治教育提供广阔的意义空间，从而提升思想政治教育载体运用的实效性。

三、思想政治教育新载体的内涵

互联网的发展使现实和虚拟的界限逐渐变得模糊，大学生的现实生活和网络生活已经紧密相融，网络生活已经开始深刻影响现实生活。随着网络的深度发展，网络利用形式发生了巨大改变，也直接改变了大学生的网络生活方式。随着微文化的诞生，大学生的日常生活方式越来越倾向于碎片化，而且随着移动互联网时代的到来，大学生开展网络生活的主渠道逐渐从固定的大屏幕转移到移动的小屏幕。

在这样的情况下，以 PC (Personal Computer，个人计算机) 端为主的思想政治载体平台已经难以充分有效地完成网络思想政治教育任务，于是教育者开始关注教育载体的创新。当前，思想政治教育微载体已经引起了广泛重视，这些微载体展现出高度的可利用性，而且许多微载体已经被投入实践。微载体教育方式的推行更贴近大学生，同时也有效提升了思想政治教育工作的品质，但是在实际使用过程中教育成效并不明显。毫无疑问，移动互联是未来发展的趋势，对微载体的利用是必要且紧迫的，但是利用微载体的机遇与风险并存，这就需要对思想政治教育微载体进行全面而深入的研究，明确其特征和产生效果的内在逻辑，探索新载体的有效利用方法，促进思想政治教育获得长足发展。

四、思想政治教育新载体的特征

（一）便捷性

移动终端设备体积更小巧，便于随身携带，而且在具有基本的通信功能的基础上，还具备 PC 端的绝大多数核心功能，人们不用守在电脑前就可以随时随地进入网络。这种便捷性体现为一种伴随化"问答"，即任何人有任何问题都可以随时通过各类微载体进行搜索，并能及时得到许多较为专业的回复，比如知乎的标语是"有问题，就会有答案"，凸显其知识搜索和问答的便捷性。这种伴随式的回答和服务功能使得不少大学生养成了"有事找网络"的习惯，网络似乎成了他们的"保姆"和"管家"。思想政治教育微载体可以为大学生提供随时检索资讯和沟通的服务。对教育者而言，只需要注册一个微载体（如微博、微信等）的账号就可以随时传播教育内容，解答大学生在生活、学习、心理等方面的问题，和大学生保持密切沟通，这与传统的思想政治教育载体相比显示出明显的便捷性。

（二）开放性

开放性主要体现在微载体的应用准入门槛低，没有身份、能力、专业等的限制，只要拥有一台联网的移动终端设备，就可以自由地进入各类微载体，人人都可以成为网络信息的提供者，同时也可以成为网络信息的获取者，这种开放性为思想政治教育微载体传递思想政治教育信息提供了开放的空间。传统的思想政治教育活动大多以教育者为中心，教育者具有绝对的权威性，能对教育过程进行全程掌控，教学活动过程具有一定的封闭性。而教育者利用思想政治教育微载体展开思想政治教育活动，则体现出更明显的开放性、自由性、平等性，大学生可以自主选择是否接受教育、何时接受教育，并且体现出更强的自主性，且受教育者和教育者的地位是平等的。这种广泛的参与性不仅体现在人人参与、人人平等上，而且体现在影响的广泛性上。教育者或官方教育组织利用多种微载体展开思想政治教育活动，能够形成一种呼应的效果，可以使思想政治教育活动的影响迅速扩大。

（三）碎片化

一方面，思想政治教育微载体承载的内容具有明显的碎片化特征，不同于传统的网络平台的信息，微载体承载的信息更为短小精悍，能更好地适应快节奏的生活方式。思想政治教育微载体承载的内容丰富多彩、包罗万象，教育者可以巧妙地利用图片、文字、声音、视频等多种形式图文并茂、生动形象地传递简洁凝练的思想政治教育信息，从多个角度刺激大学生的感官。比如光明日报社的抖音官方账号发布的"外交天团"发言短视频一经发出就引发大量关注和转发，点赞数更是达到了479万，唤起网民强烈的民族自豪感和爱国情怀。

另一方面，基于内容的碎片化，思想政治教育微载体承载的内容还显示出明显的生活化特征。大学生喜欢在学习和工作间隙浏览微载体，在这种情况下，大学生偏向于浏览让人感到轻松愉快的内容，且浏览的内容大多和大学生的日常生活息息相关，具有较强的日常性和生活性，并且信息的接收和消化要足够便捷，才能够唤起大学生的浏览欲望和参与热情。思想政治教育微载体的内容包罗万象，可以满足大学生多方面的需求，既有专业知识，也包括与大学生息息相关的现实问题，还涉及当下的社会热点问题，且对内容和信息体量进行了相应的调整，大学生能够迅速识读和掌握。

（四）交互性

交互性即教育者和大学生能够利用微载体进行顺畅的交流互动。移动互联网的自由性和包容性使得大学生可以尽情地在互联网平台表达自我，每个人都可以发出自己的声音，表达自己的观点和态度。通过微载体，教育者能对大学生有更全面的了解，从而促进教育者和大学生在多个方面展开互动，形成一种包括学习问题、生活问题、工作问题和思想问题等在内的全方位互动。这种交互性不仅促进人与人之间的充分互动，也促进跨载体信息分享的实现。随着微载体功能的迅速发展，当前许多微载体已经实现了微载体间的充分互动，比如微博的内容可以直接分享给微信好友或者分享到微信朋友圈,在微信小程序内可以直接浏览知乎、哔哩哔哩(bilibili,简称 B 站)等,这促进了不同的微载体之间的信息流动,同时也扩大了信息的传播范围和影响力。当大学生接收到思想政治教育微载体推送的优质信息时,会积极进行点赞、评论和分享等,这也能促进思想政治教育微载体优质内容的广泛传播。

第二章　大数据时代的来临

社会信息化的深入发展，计算机、手机、网络、各种传感设备所构成的互联网、移动互联网以及物联网已经深深地嵌入社会生产和生活之中。国家各方面的顶层设计、统筹推进与协调发展也逐步建立在大数据分析的基础之上。生产、流通、交换、消费等环节以及各行业的智能协作都需要网络，由此产生的数据成为重要的生产要素，其作用不亚于劳动、资本、技术、知识、管理这些生产要素。本章分为大数据的产生与发展背景、大数据的应用价值与时代背景、大数据的发展动因、大数据时代带来的机遇四部分。

第一节　大数据的产生与发展背景

一、大数据的产生

随着互联网的飞速发展，大数据技术应运而生，成为促进经济社会发展的新生事物，正在冲击着传统的思维和观念。

大数据也叫 Big Data、巨量资料。需要注意的是，大数据和大数据技术并不是同一个概念，大数据是人们日常学习和生活中产生的海量数据，是凌乱、粗放、未经过滤的信息，不能直接创造价值，只有运用大数据技术进行加工处理后，才能让它变得有价值。

大数据过去指的是海量数据，随着数据挖掘和云计算数据的不断发展，大数据拥有了全新的含义。大数据作为一种全新的模式，超越数据其本身的定义，从国家科技的发展到人们的日常生活，大数据以先进的技术手段被广泛应用于传统经济。美国芝加哥大学商学院教授麦肯锡（McKinsey）将大数据定义为一个规模巨大的数据集合，其可以适应新的生产方式，具有海量的数据规模、快速的数据流转、多样的数据类型和价值密度低四大特征，能帮助我们快速筛选有价值的信息。大数据技术凭借其强大的数据获取、存储、管理、分析能力，在教育、工业、医疗等领域以及众多电子商务场景中得到广泛应用。商家可以利用大数据技术捕捉用户在电商平台上留下的痕迹，打造用户专属的立体化标签，塑造清晰的用户画像，有针对性地进行营销推广，并根据消费者的反馈推动产品优化，提高用户的购物体验感和满意度。

（一）大数据的特征

目前，关于大数据的特征学术界有几种解释，大家普遍认可的是把大数据的特征归纳为规模性（Volume）、高速性（Velocity）、多样性（Variety）和价值性（Value）的"4V"模型。

1. 规模性

大数据最突出的特征就表现为"大"。随着各种设备和技术的发展，人们每天的学习和生活轨迹都可以被记录下来，特别是人们对各种网络社交和购物平台的使用会产生大量的数据信息。大数据不仅数据规模大，而且容量大。虽然一个数据只有几MB甚至更小，但当无数个数据汇集起来则可能达到ZB（1ZB=240GB）级别。根据德国数据统计公司Statista的统计和预测，到2035年，全球数据产生量将达到2142ZB。

各类社交平台、搜索引擎等平台工具的广泛使用，让以往无法获得的文字、沟通、心理等内容都以数据的形式反映出来，在数据流通的过程中又不断产生新数据，形成"取之不尽，用之不竭"的数据规模。数据量由以前的GB和TB级别，发展到如今的PB、EB、ZB等级别。为了避免数据处理过程中遗漏重要数据，数据用户不得不从大规模的数据中层层筛选、查询数据，以保证目标数据的完整性。

2. 高速性

以往由于工具和技术的限制，人们收集数据的方式比较机械，处理数据的效率也比较低。如今，利用大数据技术则可以在较短的时间内收集到我们想要的所有数据信息。例如，在网络搜索引擎中输入想要查询的信息，虽然背后需要经过大量的复杂的数据运算，但也可以在一秒钟左右展现出成千上万的查询结果，体现了收集和处理速度之快，这是以往可能需要花费数天时间才能产生的结果。此外，数据信息产生和更新的频率也非常快。由于社会的生产和人们的生活无时无刻不在进行，数据信息每时每刻都在产生，数据信息更新迭代的速度也随之加快。

过去，数据传播多以纸质文字或者广播作为载体，传播速度较慢。而今，在数字经济快速发展的时代，数据产生和传播的速度极快，数据处理速度要符合"秒级定律"，数据处理人员需要在秒级时间内对获取的数据做出判断，筛选出有价值的信息，剔除无关信息。同时要对数据处理有一个基本的操作判断，如使用哪些工具、需要哪些数据人员的协作等。如果数据分析者响应时间过长，没有在数据价值存在的时间内做出判断，就会影响当下数据的时效性，这样数据就失去了原有的价值。

3. 多样性

数据信息的类型一般分为结构化数据和非结构化数据。结构化数据是指能用固定数据结构来表达并且具有一定数据规范的数据，如财务系统、一卡通系统等；而非结构化数据是指没有固定数据结构的不规则或不完整的数据，如图片、音频、视频等。除此以外，还有一种介于两者之间的数据类型，即半结构化数据。半结构化数据虽然能用数据结构来表达，但却不方便进行结构化，如网页信息、日志文件等。大数据时代的数据信息不仅类型多样，且来源也多样，广泛分布在人们的日常学习、工作和生活的方方面面，能通过不同渠道和方式对其进行收集。

以行为数据为例，一方面人的行为具有适应性，另一方面人的行为会按照个体对事物的认知进行主动调整并适应环境。由于人们受到外界环境的刺激不同，所以对同一行为做出的反应也不同，形成的数据记录也不同。再加上数据记录的系统工具不同、应用场景不同，这就使数据呈现形式有所差异，涵盖了文字、图像、音频、视频等不同数据形式。

4. 价值性

大数据具有巨大的价值是其最主要的特征，而对大数据价值的利用主要表现在相关关系的运用上。孤立的数据难以展现出巨大的价值，通过运用大数据的相关性分析技术对其进行分析，可以发现某些隐藏在其中的相关关系并预测事物未来的发展趋势，以此来创造更多的价值和财富。例如，网络购物平台上的推荐系统能为人们推荐心仪的物品。虽然大数据在整体上表现出巨大的价值，但其也存在价值密度低的不足，因此有价值的数据信息占比较小，如在数小时的监控视频里，有价值的可能仅仅是其中一两秒的画面。尽可能地获取足够多的数据信息，已经成为社会各领域竞争的目标，数据信息也成了一项新的竞争资源。

信息化时代数据最大的特点在于数据价值大，数据之所以蕴藏着巨大价值主要有两个原因：首先，数据垄断造成数据资源分配不均。随着数据垄断问题的出现，人们掌握的数据量、数据新颖度、数据真实性都不一样，同时大部分重要数据都是掌握在大机构手中，数据常常处于被垄断状态；其次，数据资源和数据人才的稀缺性也是造成数据价值巨大的原因之一，如果把数据比作一座金矿，有价值的数据就是其中的黄金，这种价值需要经过一系列加工和处理才可能得到释放，加之提取数据价值的人才也很稀缺，使得数据价值挖掘的成本变得高昂。

（二）大数据的多维解读

对于大数据的理解可谓"横看成岭侧成峰"，从不同的侧面可以看到大数据不同的存在形式。我们可以从数据科学维度、技术支撑维度、价值维度、认识论维度以及时代维度来理解大数据。

1. 大数据的数据科学维度

大数据首先是数据集合，是数据发展的一种新形态，即通过数据的收集、挖掘、获取、整理和分析等手段，研究和分析海量复杂且多样的数据，并以此为基础探究其内部所蕴含的规律。它研究的是共性的数据问题，力图通过数据规律实现对科学问题的解答。所谓"大数据"也是相对于"小数据"而言的。为了阐明大数据，需要和小数据做区分，以便更好地把握大数据的内涵。"大数据"与"小数据"的差别不仅体现在数据量上，其本质区别在于：小数据是样本数据，是通过抽样的方法得到的；大数据则不需要抽样，或者说是全样本数据，是"全数据"。"小数据"是结构化数据，在数据结构上有着严格的要求。大数据具有数据格式的开放性，数据形式多种多样：既包括文字格式的数据，也包括图片数据、视频数据等非文字格式的数据；既有结构化数据，也有半结构化数据和非结构化数据。大数据之所以能够成为大数据，一个重要的原因就在于其不局限于结构化数据，而是把半结构化数据和非结构化数据都容纳进来。小数据多为人工采集的数据，取样难且带有一定的主观性；大数据多为系统自动收集的数据，取样工作多为各种终端自动进行，具有更好的客观性。小数据所使用的处理技术相对简单；大数据则与物联网、云计算、人工智能等技术紧密地联系在一起。小数据预测难、调控和实施难，大数据则为解决这些难题提供了思路和技术手段。

2. 大数据的技术支撑维度

从技术支撑维度看，大数据是由软硬件技术构成的技术生态系统以及由此形成的业态。大数据技术是通过对大数据的处理而认识世界和改造世界的有力工具，是对大数据进行采集、存储、传输、计算、显示等各种技术的总和。其中的传感技术、云计算技术和分布式技术起着关键的作用。以传感技术（大数据采集技术）为例。传感器是数据化的"接口"，大数据的采集离不开传感器。各种设备、交通工具、信息终端等周围越来越多的传感器采集着人和事物的时间、位置、运动、温度、湿度等各式各样参数信息。人本身的心跳、血压、眼球运动甚至情绪等信息均可以通过传感器采集到。特别是智能手机以及可穿戴设备的广泛普及，使信息采集变得更加便捷，这些采集到的数据对于判断事物的状况以及人的身心状况有着重要的作用。手机里面的加速传感器、距离传感器、光线传感器、全球定位系统、陀螺仪、磁场传感器、气压传感器不仅丰富着人们的应用，而且对人自身行为数据采集的维度越来越多。智能穿戴里的光学心率传感器、生物电阻抗传感器、皮电反应传感器、温度传感器、气压传感器、电容传感器、霍尔传感器、环境光传感器等所获取的数据让我们对人的身心状况了解越来越细致。大数据的获取取决于传感技术，很多传感技术不仅将我们的感知数据化，而且有些感知技术感知的范围远远超出我们的眼耳鼻舌身意感知的范围。通过这些大数据，甚至可以开辟出一片新的认识领域。在此基础上，我们可以通过数据挖掘、分析、计算等技术收集和处理大数据，并进一步发现数据集合间的关联性，在此基础上挖掘更深层次的价值，并通过一系列大数据开发和应用标准的进步和提升，形成良好的大数据生态系统。

3. 大数据的价值维度

从价值维度看，大数据是资源，是生产要素。通过对大数据的挖掘，发现潜在规律，可以对事物本身进行描述和预测，因而对于人们进行科学决策或者引导物能流动具有关键性作用。关于大数据的价值，有很多成功的案例。例如：一些高校通过大数据寻找家庭经济困难的学生给予帮助；北京市利用大数据分析老年人的出行趋势，据此合理规划公交路线和站点；司法大数据显示，校园暴力案件逐年减少但宿舍成为案件"高发地"；在打击套路贷的过程中，大数据可以为校园贷借款人群"画像"；等等。这些案例都是利用大数据获得有价值的信息，进而做出更为科学的决策。当然，大数据发展也要尽力避免一些"负价值"，如搞套路贷的人利用大数据分析精准锁定套路目标，商业网站大数据"杀熟"等。大数据有静态的大数据，有每时每刻产生的动态大数据，而且在大数据使用的过程中也会产生新的数据。大数据在不断地叠加、增长。大数据之"大"，不仅是静态数据大、动态数据大，而且也包括使用数据大。大数据呈现出"越用越多"的增长规律。因此，随着社会信息化的发展，大数据日益成为经济社会发展取之不尽、用之不竭的"钻石矿"。

4. 大数据的认识论维度

大数据使人类认识问题走向更加辩证的整体论方向。自从法国哲学家笛卡尔（Descartes）开启了近代哲学的"认识论转向"后，哲学完成了从整体到部分、从感性具体到理论抽象的认识过程；自 20 世纪物理学革命以来，认识论开启了部分辩证复归为整体、由抽象走向理性具体的"第二条道路"。大数据思维正与认识论的"第二条道路"不谋而合。大数据提出的"样本＝总体"，强调"相关关系"，甚至"不问为什么，只问是什么"，强调接受"混杂性"等观点正是认识论"第二条道路"的具体体现。与其说认识论的"第二条道路"使得大数据思维有了认识论的依据，不如说，大数据认识论的出现，使得认识论的"第二条道路"在这个时代得以落地。

5. 大数据的时代维度

人类已经进入大数据时代。在这个时代，数据已经成为人们从事生产、生活的不可或缺的基本要素。互联网传输数据，各种终端持续不断地获取数据，云计算以其巨大的算力实时处理数据，区块链更为安全地保存数据，人工智能更加智慧地利用数据……大数据已经在教育、科学研究、社会运行、经济发展等各个领域得以发展和应用，并不断地走向深入。大数据的应用可以节约时间和资源，提升工作效率，是重要的生产要素。数据服务通过不断创新，不断和各行各业相融合，已经成为关涉各行各业的一种服务业态。大数据之"大"，不仅在于规模之大，而且在于用途广、价值之大。大数据的广泛应用创造了一个时代，即大数据时代。

二、大数据的发展背景

21 世纪以来，随着计算机技术和信息技术的迅猛发展和普及应用，特别是互联网和物联网技术、信息传播技术以及社交网络技术等的突飞猛进，各个领域所产生的数据都呈现出爆炸式增长的趋势。在过去的 20 多年里，交通运输业、制造业、服务业、医疗业等各个领域积累的数据规模已经达到 PB 级，实现几何级数的增长。

在全球数据爆炸式增长的背景下，大数据这一概念逐渐形成。传统数据与大数据的不同之处在于大数据包含的数据类型多样以及对数据实时分析的需求较高等。在互联网行业，大数据通常用来指互联网公司在日常运营中产生和累积的用户网络行为数据。

大数据的演化过程始终和高效的大数据存储管理技术密切联系在一起，而大数据存储管理技术的不断发展往往会促进计算机处理能力的提升。从客观的角度出发，IT界面临大数据的挑战已经超过40年，各个时期面临的挑战主要在于该阶段对大数据规模的定义。所以，大数据的演化过程大致可以划分为以下几个阶段。

第一阶段，20世纪70年代到20世纪80年代的10年时间里，商业数据的规模实现了从MB级别到GB级别的跳跃，为了建立商业数据仓库并对商业数据进行业务上大型关系查询的分析和报告，IT界迎来了第一次大数据挑战。数据库计算机正是在这样的背景下产生的。早期的数据库计算机通过硬件和软件的集成以较小的代价获得了较好的处理性能，设计并实现了最原始的并行数据的查询处理。

第二阶段，1986年6月2日，大数据领域另一个里程碑诞生，美国天睿公司（Teradata）为零售公司凯马特（Kmart）组装了第一个存储容量达1TB规模的并行数据库系统，这也意味着商业数据的规模实现了从GB级别到TB级别的突破。

第三阶段，20世纪90年代末，随着互联网技术的迅猛发展，全球开始进入互联网时代，半结构化和非结构化的网页数据的规模达到惊人的PB级别。网页数据的查询和快速响应的需求让大数据成为分布式行业的主要挑战。虽然数据库技术，包括并行数据库技术，能够较好地处理结构化数据，但是对于半结构化和非结构化的网页数据并不适合。为了应对互联网大规模的数据存储挑战，谷歌公司（Google）研发了GFS（Google File System），该系统在数据库技术的基础上开启了现代大数据新的系统革命。

毋庸置疑，大数据时代已经来临。数据已经渗透到当今每个行业和业务职能领域，成为重要的生产因素。人们对于海量数据的挖掘和运用，预示着新一波生产率的增长和消费者盈余浪潮的到来。

三、大数据的分析方法

大数据自身就被视为一个巨大的宝库，但是更为关键的是我们可以通过大数据在各个应用场景之间的对比挖掘精准营销的增值空间，比如可以通过大数据平台对不同消费层次消费者的消费行为进行深入的分析，帮助企业了解不同层次消费者的实际偏好。从概念延伸的角度来看，大数据概念最早诞生于 20 世纪 90 年代末期，在过去数十年的发展过程当中，大数据帮助营销人员从不同的角度处理各种疑难问题，真正实现了计算机技术领域的拓展，构建了计算流程和数据分析模型，提高了精准营销的工作效率。

（一）分类

分类的前提是找出数据库当中数据对象的共有特征，并且按照不同的标准划分到不同的类别当中。其目的是借助当前的分类模型，将数据库当中的所有数据划分到同一类别中。它可以对当前的应用进行分类，对下一阶段的发展趋势进行预测。比如淘宝店铺将用户在一段时间内购买的产品分为不同的类别，选择时间向用户推送关联商品，促进转化成交，提高店铺的营业额。

（二）回归分析

回归分析反映了当前数据库当中某些数据的基本属性，借助函数表达的相关方式找到不同属性之间存在的各种依赖关系。它可以具体应用于数据序列的预测以及相关性的研究。在当前的市场营销环节，回归分析可以应用到不同的阶段，比如借助回归分析，可以对本季度的各种销售数据进行分析，预测下一季度的销售趋势，并指导后续进行有针对性的营销变革。

（三）聚类

聚类与我们上述提到的分类基本一致，但是它与分类的目的却不相同，它可以根据数据的相似性或者数据之间的差别将数据划分为不同的类别，一般来说同一类别当中的数据存在极大的关联性，而不同类别的数据之间的联系并不是十分紧密。

（四）关联规则

关联规则主要指的是隐藏在不同数据选项之间的结构关系，根据某一数据项的外观可以推测其他数据的相关信息。关联规则的挖掘过程涵盖两个不同的阶段。第一阶段主要是从大量的数据当中找出所有的项目类别，第二阶段是从这些高频项目类别当中找出项目组别之间存在的关联。关联规则挖掘技术已经广泛应用于客户市场需求预测，如银行通过特定的渠道将客户感兴趣的信息直接与其账户信息进行绑定，供用户了解产品的最新情况，从而不断地改善当前的营销策略。

第二节　大数据的发展动因

一、科学技术创新的推力

（一）社交网络崛起的大爆发

社交网络是一种社会结构，是由若干个人与组织形成的节点所构成的。社交网络是各种社会关系的代名词。世界上第一篇电子邮件的出现拉开了社交网络发展的序幕。社交网络企业是互联网企业的分支，社交网络企业指的是以帮助用户建立社会化关系链而提供网络服务为主要业务的企业。社交网络企业为人们寻找具有相同的兴趣爱好和价值观的朋友提供了广阔的平台，其表现形式有移动社交软件和社交网站。随着手机的普及度升高以及近年来移动支付技术的兴起，互联网社交企业搭建起来的社交群体与各项服务都联系了起来，在提高了自身的商业价值的同时也为人们带来更丰富的体验。

1.网络社交平台的特点

网络社交平台是一种特殊的互联网企业，它除了和互联网企业一样有着不同于传统类型企业的共性之外，同时又有着自己独特的一些属性。分析网络社交平台的特点能为我们针对网络社交平台类企业进行评估提供更强的理论依据。

（1）边际成本递减

边际成本是在企业生产过程中每多生产或销售一单位产品所造成的总成本的额外增加。对于传统的企业来说，平均成本和边际成本会随着产量的增加先在前面一段时间内呈现递减的状况，但是当生产边际出现之后时，受到资源和人力短缺的限制进而导致边际成本和平均成本随着产量增加而上升。但网络社交平台类企业不存在这种情况，该类企业一般在前期会有巨额的研发支出，等到企业达到一定的规模以后，其旗下的互联网产品就能够零成本复制出来，不需要和传统的企业一样为了扩大生产继续投入大量的材料。正因为有了用户的规模效应，才使得网络社交平台类企业的边际成本和平均成本随着产量增加而降低，边际成本甚至可以降为零。

（2）边际收益递增

传统经济学认为，单位投入价值增加，所获的边际收益就会减少，同类商品的消费量增加，它带给消费者的效用就会降低。但是由于网络经济存在累积增值性，对于消费者来说，网络社交平台存在着边际效用递增的趋势。互联网企业注重的是对信息和技术的投入，而信息具有传递性，网络信息传播速度快、传播空间大，只要接触的人都有可能获得经济效益。

（3）服务性、便捷性

网络社交平台的构建不仅满足了人们社交的需求，而且也丰富了社交形式和内容。随着网络社交平台用户的增多，满足人们各类生活需求的社交平台相继出现，网络社交平台承担的功能不仅是交友一项而是建立完整的社交生态圈，用户可以在游戏中社交，可以在直播中社交，也可以在电商平台社交，甚至可以进行线上教育平台社交。此外，在一个互联网平台内就可以满足用户的社交、出行、购物、在线学习等一连串需求，给用户提供了很大的方便。

（4）聚合性、真实性、高黏性

网络社交平台用户基数巨大、自然聚合、遍布不同行业和地区，这些庞大的用户群又根据一定的规律矩阵（兴趣爱好、文化背景、活动范围）聚合在一起，形成不同的群体。随着大部分网络社交平台开始施行实名制，平台会自动为用户过滤掉虚假信息，拉近用户交流距离，提高了用户之间优质高效的沟通体验感。在聚合性和真实性的保障下，提供真实社交信息的网络社交平台的用户自愿留在平台上，用户忠诚度大大提高，用户黏性远远高于非网络社交平台。高黏性的用户也大大提高了网络营销的效率。

（5）开放性、互动性

网络社交平台是一个具有开放性、互动性的平台。在网络社交平台诞生之前，信息都是由媒介企业发布的，再经过报纸和网页新闻等传播到用户端，是一种自上而下的传播方式。在这种模式下，信息的内容、信息传递的渠道等都是由媒介公司所决定的，信息使用者只能被动接受，没有过多的话语权。但是在网络社交平台诞生以后，一切都改变了，由于网络社交平台的开放性和互动性，用户可以自己选择要发布的内容，并且网络社交平台门槛低，不论什么学历背景、什么年龄段的用户都可以自主参与社交平台信息发布，提高了用户的话语权和决定权，并且在用户对企业发布的信息进行评论和转发时，两者间就形成了互动。企业通过与用户的互动和观察用户发布的信息等可以更加精准地了解用户的喜好，从而改进自身产品并提高用户黏性。

2. 网络社交平台的价值驱动因素

（1）核心技术

互联网企业是轻资产类企业，不同于传统企业前期需要大量的投入来生产产品进而获利。互联网企业通过自身的核心技术完成业务数据的收集与分析，产品设计又会反哺企业，给企业带来持续的经济效益。如今竞争在互联网行业越来越激烈，想要脱颖而出必须得创新核心技术，不断追求产品更新迭代，迎合市场需求，才能提高企业的核心竞争力，提高企业的市场占有率。由此可见，核心技术是互联网企业得以可持续发展的基础。核心技术始终是企业发展最重要的驱动力。

（2）特色业务

对于社交服务类企业来说，拥有行业特色的优质产品才能在竞争中脱颖而出。互联网行业发展迅猛，纵观各类网络社交平台的兴起和没落，我们会发现，没有产品优势的企业最终会被淘汰。微信主打单向社交分享的朋友圈功能，微博精短的140字即时分享功能形成了自身特色，美图主打的图片社交分享功能，经受住了时间的考验，使得美图有着很高的用户黏性。同时，与产品配套的服务在完成初始用户积累后建立起用户留存率，如售后服务部门对于用户使用后反映的问题进行处理，这些服务不仅满足了客户的需求，网络社交平台的价值也随之获得了提升。

（二）物联网产业协同创新

1. 大数据下物联网产业协同创新数据

（1）产业链中产生的数据

物联网产业链主要由主体部门、技术和终端的生产商、集成商和运营商等部分组成。物联网在各行业、各领域、各环节进行应用时就会通过这些过程中的技术、知识、信息、资金和服务等数据流产生海量的数据。

（2）各主体内部产生的数据

高校、科研院所、政府、金融机构、企业和中介公司均是物联网产业协同创新的主体，这些主体在内部管理运作的过程中带动了内部数据流的产生。

（3）各主体之间产生的数据

信息、知识、物质、服务和技术等创新要素在各主体之间通过物联网以传递、共享、交流等形式进行流动和扩散，此时在各主体之间就会产生海量数据。

2. 大数据背景下物联网产业协同创新平台

（1）信息交互

大数据系统依据相应的模型来实现信息交互，常见的模型有信息交互模型、改进的信息交换模型、物联网信息交换模型等。其中，信息交互模型由 3 种基本对象的有效互动组成，其基本对象分别为用户、系统及用户与系统间的互动。用户需要借助信息互动系统，提高信息的有效性。在此基础上，如果将信息交互模式运用于物联网中必须对数据交换体系进行改进。通过变革信息交互模式可以提高交互质量，用户可以更快捷地获取感兴趣的资讯。经过改进的信息交互模式还包含了 3 个重要的方面，分别为用户、网站和信息。不同于一般的网络信息交互模式，这里的用户是指广义的使用者，不单特指传统信息交互的使用者，而且特指包含汇聚结点、簇头结点、路由节点等在内的使用者。物联网信息交互模式中也包含一个传感系统，不仅有信息的感知单元，还有计算与储存单元和能量单元。这些单元共同组成了物联网的整体系统。从实质上来说，物联网的信息交互模型其实是有广泛意义的，由应用物、网络、内容三者构成并互动的信息体系，在整个系统运行过程中，已经实现所有物联网的信息交互。

（2）数据采集

对于大数据技术而言，数据采集虽然是其最为基础的一项工作，但是在物联网产业中的应用价值颇高。这是因为数据信息往往对智能决策的执行效果有着决定性作用。所以，物联网必须要做好大数据的采集工作。与一般的大数据相比，物联网大数据具有增长率相对较高、多样、异构、非结构、有噪声等一系列特点。因此，在物联网数据的采集过程中，往往要做好数据信息的去噪处理。与此同时，因为物联网数据本身具备十分明显的颗粒性，合理地去噪与提取有用信息同样也是实现智能化处理的关键所在。为了进一步方便处理与运输数据信息，在数据的采集初期就会开展去噪处理工作。近年来，面对信息技术的迅猛发展，基于物联网的大数据采集技术也日益成熟，数据采集工作日益多样化，在某种意义上极大地丰富了物联网产业中的数据信息类型。如移动终端智能技术、Web3.0 等，俨然已经成为现今使用最广泛的技术手段之一。

（3）数据传输

物联网技术的飞速发展产生了大量的数据，物联网大数据的特征使得传统数据处理方式效率低下；同时由于联网设备的异构性，需要不同通信协议之间的转换及统一。而通过网关程序开发可以转换不同的协议，实现数据协议的统一。大数据集群的架构使得高效、快速处理海量且异构化的数据成为现实，因此大数据被广泛应用于包括物联网在内的众多领域。但大量数据传输对于存储能力和带宽有限的传感器网络来说是一个很大的挑战。这必然要求优化数据传输架构和数据传输的能力，建立可靠的优化模型，以满足对感知数据的完整性、准确性、安全性和及时性的要求。

（4）大数据存储和管理

物联网的关键技术基础仍然是大数据技术，而物联网大数据技术，需要传感器和高带宽无线网络，只有二者紧密结合，才能够为今后物联网大数据技术的应用提供更为丰富的场景，而且该项技术能够将物联网大数据储存以及管理信息技术、设备等的资源相互连接起来，实现物联网大数据存储以及管理信息技术的广泛应用，并与相应的信息传递渠道相匹配，将传感器获得的数据信息传输给大数据中心。物联网大数据的发展对数据储存和管理技术提出了新的要求，所以我们需要不断根据时代变化而革新理念、提升技术，从而促进物联网大数据存储与管理能力的提升。

（三）云计算提供的技术平台

1. 大数据云计算应用概述

数据的统计是支撑人类发展的重要元素之一，大数据是被人类广泛使用的形式。尽管其精准度不高，但是仍旧被人类应用在许多关键领域，是因为在决策性问题上数据的价值尤为重要。因为大数据以收集网络用户私人信息的方式为获取信息的主要渠道，它涉及全部网络用户自身的权益安全问题，所以关注网络安全问题的人数与日俱增。近几年来，我们可以明确地看到大数据分析准确率的提高，尽管目前仍然无法代替社会统计学成为人类社会发展核心的数据资料统计方式，但它还是具有无法忽视的实用价值，尤其表现在商业、行政管理等各大方面。伴随着数据价值的提升，在大数据分析平台上对网络应用信息的收集要求变得更加精细，也就意味着将会涉及网络用户更多的个人权益，而安全性保障的问题也迫在眉睫。所以，必须通过大数据挖掘更加全面的保护方式，这也是当前网络领域发展的重大课题之一。

2. 大数据云计算技术的优势

（1）应用便捷

大数据云计算能够将诸多的计算资源进行高度整合，通过软件或者人工的方式进行管理，用户可以依据自身的实际需求灵活使用大数据云计算。在虚拟平台中，用户能够自由使用各类资源，即便在没有资源链接的情况下，也可以由大数据系统自主进行资源链接的搜索，最终获取目标资源。在这种情况下，用户仅仅通过对终端的控制即可达成预期的目标，且整个过程对硬件的要求相对较低，这也意味着用户的前期成本投入可以得到较大的控制，且应用便捷，管理灵活。

（2）高性价比

大数据云计算主要通过互联网实现资源的高度整合，其包括数据库、集群系统和分布式处理系统等。对于用户而言，在使用大数据云计算时，仅需要登录终端，与大数据系统的 IDC（Internet Data Center，互联网数据中心）进行连接即可，且获取资源的范畴进一步扩展。这也意味着用户仅需要较低的成本，即可获取具有高价值、高精准度的丰富信息。

（3）信息安全

云计算依托于网络，所有的信息访问与信息处理对于应用技术的企业而言，无论是数据的传输还是处理都会存在一定的风险，这也是大数据与云计算技术目前最具争议的信息安全性问题，对云计算技术的发展有着一定的制约作用。一般对于网络传输的数据内容，都会使用信息提供方的信息加密算法进行加密处理，以这种方式来确保上传云端的数据内容足够安全，这一方式也是目前较为常用的信息安全处理手段，主要应用于对信息内容进行单纯的加密处理的情况。当需要对信息进行重复访问并重复加密时，这一普通的信息加密方式在易用性与安全性上会受到影响，需要采取双向加密的方式，在确保数据安全性的同时，让信息可以得到有效应用。

（4）对各类数据进行有效分析

在发展企业经济的过程当中，能够快速完成一系列的市场状况的收集调研，并对调研后所得到的各类信息数据进行有效的分析，都是应用大数据的具体表现。有价值的数据分析结果对企业发展新技术和产品应用都能够起到支撑作用。

二、社会生活的供给潜力

（一）大数据促进文化产业发展

在文化产业借助数字技术实现轨道跃升后，处于新轨道的文化产业与产业技术体系在耦合发展的过程中实现赋能，提升了文化产业的经济效益，实现了生产效率提高、生产成本较少、人力资本优化等目的。当前我国文化产品与服务主要以用户需求为导向，文化产业的发展正逐步满足人们精神文化层面多样性和丰富性的需求。科学技术发展，经济实力提升，随之而来的是人民群众日益改善的生活质量。因此，在满足马斯洛需求理论中的基本需求、享受最基本的文化权益之外，人民群众对于文化生活有了更高的追求。

在技术层面下，我国文化产业数字化赋能直观体现为新业态的兴起，数字技术与文化产业的耦合指引文化产业变革，为推进产业赋能、创新消费模式、实现高质量发展提供了无限活力，主要表现在以下几个方面。

1. 文化产品策划

创新能力作为人类独有的专属技能，在文化产品的创意策划中占据着不可替代的核心地位。在内容创作的过程中，创意构思凸显了文化背后的精神底蕴，这是人类独有的创作手法，被认为是无法被数字技术取代的。实际上，当前数字技术的覆盖面正逐渐扩大，算法、大数据、人工智能等前沿技术正逐步影响文化创意构思，在文化创作立意构思层面献计献策。艺术创作已然不再是人类的专属特权，数字技术亦能自主设计创作乐曲、画作、文章等作品。

数字技术的可预见性为文化产品的设计提供极大助力，可以紧随时事，对现阶段已有的热点新闻以及资讯进行剖析，借助整合后的内容完成选题设计，提供热度话题和创作方向，协助编撰策划方案。数字技术能够梳理用户阅读数据并进行预估，从而判定读者的阅读偏好，继而为刊物的选题设计提供相关类型的可借鉴素材，并对挑选出的素材进行综合评定，多角度、深层次分析选题的合理性，进而对选题做出最终决策，依托市场对选题方案的反馈不断完善模型设定，使产品设计更加精准地贴合用户的喜好。

2. 文化产品生产

文化产品以消费者偏好为创新方向，产品形式多样，在产品生产过程中数字技术提供了极大便利。在文案创作领域，数字技术在辅助产品策划之余，还可以智能提取摘要、排查文本语病、校正文本格式等。此外，还配有语音转换文字功能，免去手动输入的工作量，为创作提供便利。

3. 文化产品营销

数字技术能够收集线上线下市场数据搭建信息平台，掌握实体店流量、用户偏好、平台销售额等信息从而进行文化产品定向营销。依据文化产品特色对接用户偏好，设计差异化营销战略。在搜集用户数据时无法避免数据缺失或误差等问题，不同文化企业对于数据的需求侧重点存在差异，共享平台能够包容数据的差异性，创新市场调研智能化模式。例如，中国银联和京东金融的结合，实现共享平台效果，推进支付工具智能化，提高风险监管、平台维护等功能，为用户提供更便捷、更安全的支付服务。在数字经济时代下，数字技术与创意的碰撞产生了智能化优质广告内容，这也逐渐改变了当今的文化产品营销模式。数字技术使广告营销手段更加鲜活，内在元素更加多样。数字技术依托用户行为的差异性反馈来丰富广告的内涵，提升用户的体验感。

（二）大数据改善生活水平的潜力巨大

大数据对于人们而言已不再陌生，作为信息化时代背景下的一项至关重要的科学技术，大数据技术如今已在众多行业领域得到大力推广，并给人们的生产生活带来了显著影响。特别是在城市建设中，大数据技术在城市规划、信息化建设等方面发挥着十分有效的作用，并推动其不断向精准定位、智慧应用等方向发展。大数据被应用于社会生活的方方面面，不断改变人们的日常生活。

1. 医疗卫生方面

在大数据时代物联网的应用将生活变得十分便利，特别是在医疗行业，物联网技术使医生的工作变得更简洁，能帮助患者和家属更快速地得到医生的治疗和帮助。目前，大多数医疗条件好的大城市的医院，都通过智能识别机器来识别患者的既往病史。患者来医院前将自己的医疗卡在机器前方进行扫描之后，再选择挂号，这样智能识别机器就可以将患者的病史资料记录和分析传送到医生的电脑上，还能为患者推荐最合适的主治医生。这样患者不用来回奔波，而医生也不用重复询问患者的既往病史，治疗的效率更高了。而对于住院病人，物联网技术也可以通过识别相应的设备来监测患者的身体数据，并远程传送到医生的电脑上，方便医生及时监测患者的健康状况。

当前，人类社会已经步入了信息化时代，人们的生活、工作、学习等也日渐信息化，甚至越来越依赖信息化。因此，未来的医疗领域也应当扩大和加深对信息化技术的应用，尤其是云计算和大数据，其在医疗领域当中具有非常大的应用空间和潜在价值，能大大提高医疗卫生服务的信息化水平，顺应信息化时代发展趋势，使医疗卫生服务可以更加贴合人们的需求。

以往，对临床信息数据进行收集的过程非常麻烦，而且时效性较低，共享、利用更是不便，即使拥有了大量的资料，也无法对其进行深度的分析和应用。而云计算和大数据技术的应用不仅使临床信息数据的收集可以自动化、高效率地完成，更有助于对资料的积累，同时还可以对这些资料进行高效的共享、利用，对其进行深度的分析、挖掘，从中发现平时不易察觉的有价值的科研信息，从而对医学研究起到促进作用。

2. 教育服务领域

在教育服务领域中应用大数据技术，可以丰富教育资源，加强对学生学习的管理，从而提高教学效率和教学质量。具体来说，在教育服务领域应用大数据技术有如下几个方面的作用。

①利用大数据打造云教育学习平台，汇集学习资源，丰富教学模式。利用云计算技术，构建市域教育云教育学习平台，汇集全市优质的教育资源，如各科目教学名师的讲课视频、优秀教案、试题集等，从而实现教育资源的拓展与共享，提高教育公平性。同时，云教育学习平台还能为学生提供全天候、多种学习服务，包括音视频点播、智能问答、云直播等。有了云教育学习平台，学生可以在一定程度上摆脱传统课堂的局限，不再受空间、时间的限制，可以根据自身的学习需求，合理安排学习时间。

②分析学生学习行为，提供有针对性的教学服务。云教育学习平台可以记录、汇总学生的学习数据和考试数据，据此挖掘学生学习的规律和特点，及时掌握学生的学习情况，进而为学生制定个性化的学习计划，增强学生学习的针对性和有效性。

③根据学生的反馈信息，提高教师的教学能力和水平。利用云教育学习平台对学生的各种学习信息进行收集和统计，包括学习行为、学习成绩等，及时对每位学生存在的问题进行科学诊断，教师便可结合诊断结果，寻找自身存在的不足，优化教学方案，改进教学方法，丰富教学手段，从而高质量、高效率地实现教学目标。

此外，我们可以利用大数据技术综合分析各类教育数据，包括教育经费分配情况、教育机构分布情况以及学生入学、退学及转学情况等，为教育管理提供科学可靠的决策依据。

3. 物流管理方面

目前，全球市场上以电商为主的电商营销方式给线下的物流企业提供了机遇，但这些物流企业也面临着严峻的考验。要建立健全城市的物流系统，有关单位可以采用以下几种方法进行改革：利用互联网技术建立一个标准化的城市物流系统，从而使各个环节的物流运作更加透明化、规范化，从而为企业进行追溯创造有利的环境。这样不仅可以减小出现问题的可能性，还可以对整个物流系统进行全面的控制。利用互联网技术建立物流仓库系统，利用现代先进的装备实现对各类物品的自动分类、装卸、配送，提高包装、装卸、配送的工作效率，降低人力装卸费用。

4. 交通管理领域

交通出行是城市居民需要面对的切实问题，也是智慧城市管理的重要内容，管理人员需要在交通管理领域推进大数据技术的应用，分析城市道路交通运行数据，为城市居民提供实时的交通数据信息，方便城市居民的出行。大数据技术在交通管理领域的应用主要通过道路监控系统得以实现，利用路政监控设备对交通信息进行搜集，利用大数据技术中的图像识别功能解读交通状况，为城市居民的出行安全提供保障。交通管理部门可以利用智慧仿真评价系统，通过数据信息的分析与整理，对交通情况实施智能化指挥，改善道路拥堵状况，避免出现交通事故，提升城市交通的流畅性。

大数据技术在智慧交通领域的应用不仅表现在道路指挥方面，对于交通方面的其他内容同样具有应用价值。在进行交通管理的过程中，大数据技术能够将搜集整理的路政信息、路面信息、交通指挥信息等内容进行数据处理及逻辑分析，引入标准化算法，对突发情况进行精准预测。交通管理部门还需要对气象信息进行数据整理，充分完善突发情况的预测结果。大数据技术在智慧交通领域的应用能够有效提高智慧城市的交通管理效果，合理预测城市管理的突发情况，充分保障城市居民的出行安全。

5. 城市环保方面

信息化时代，普及物联网绿色环保是未来发展的必然趋势。我们既要保证生态的可持续发展，又要保证城市自身的发展。通过对现有的各种检测手段进行分析，我国的相关研究人员开发出了一种基于物联网技术的新型的智能环境监测控制系统。应用该系统可以对污染排放等各项指标进行科学的监控，以达到对环境监控的目的。另外，该系统可以将监控的数据实时传送至监控系统，实现对系统的自动分析，从而实现各有关单位之间的比较，提高环境保护工作的成效。我们可以利用互联网技术来控制城市的污染程度，利用现代科技来提高人们的居住质量，让人们能够享受到更为舒适和方便的生活，在一定程度上解决城市发展问题，实现让一座城市平稳发展的目标。

（三）大数据助力公共文化服务水平提升

公共文化服务是指为保障公民的基本文化生活权利，主要由政府部门向公民提供公共文化产品与服务的一系列制度和系统，涉及公共文化服务设施、资源和服务内容，以及人才、资金、技术和政策保障机制等。公共文化服务不以营利为目的，为社会提供非竞争性、非排他性的公共文化产品，涵盖政策、技术、人力、资源等方面，涉及文化馆、图书馆、博物馆、纪念馆、美术馆、档案馆、报刊、互联网等诸多文化领域，以政府为主导，以公共文化服务机构为载体，在社会参与和市场配置下，向公众传播先进文化，是一种满足公众多样化需求的服务机制。

一直以来，我国的公共文化服务以保基本、促公平为主要目标，然而在效率与公平的平衡问题上还存在一些短板。随着公众文化需求和资源多样性的发展，传统公共文化服务模式日益显现出资源供给不均衡、内容形式缺乏个性化、匹配不精准、供给效率低、缺乏交互理念、缺乏合理的绩效评估机制以及信息共享程度不高等问题，导致公共文化服务的民众满意度低、市场化程度不高、供给管理不合理，进而导致资源严重浪费、公共文化服务质量降低，从而损害了公众的文化享受权利，阻碍了公共文化服务事业的发展。

大数据时代，信息、数据等资源日益成为关键的生产因素，互联网已经逐渐渗透到各个行业和领域。提升公共文化服务能力的关键在于将现有的公共文化资源进行有效整合，实现公共文化资源的互联互通。公共文化服务云平台具备分布式共享资源、网络分发、业务管理三大功能，能有效处理当前的关键共性技术问题，推动公共文化资源的共建共享，实现文化资源的智能调度，整合应用软件资源，为公众提供多元文化供给。

探索"互联网+"模式，打造集多种功能于一体的公共数字文化资源服务平台，能够提升群众的文化满意度、获得感、幸福感，是"满足人民过上美好生活的新期待，提供丰富的精神食粮"的关键举措。信息化时代，对海量数据进行高效的处理分析能够为科学决策提供有力支撑，能够提高服务的针对性和有效性、提升管理的科学水平，从而有效提升公共文化服务效能。

基于云计算、云存储、大数据等技术开发的数字公共文化服务云平台不仅能整合公共文化服务机构优质的数字资源，为公众提供开放的数字公共文化服务，而且有助于让公共文化服务开始向智慧化服务模式转型。

三、企业技术发展的拉力

（一）大数据资源成为企业技术创新的源泉

企业技术创新的资源从小数据开始，不断地积累，经过细致的记录和存储，然后再同其他数据整合，汇聚成为大数据，成为企业技术创新源源不断的支持力量。如果能够从数据中提炼出规律，它就成了知识；如果数据借助工具在分析的基础之上为我们进行正确的决策提供依据，那么它就是资源。大数据时代，企业技术创新中会产生很高的数据需求，大数据为企业技术创新提供了必要的资源支持。

（二）大数据助力企业技术创新的协同发展

大数据时代，企业在技术创新过程中既需要内部创造的知识，也需要外部环境提供的知识，将这两种知识有效地融为一体，才能有效开展技术创新。通过合作，各种资源可以得到更好的利用，我们应加强不同的单位、部门、个人之间的协同创新，利用团队的智慧开发出更加先进的技术。

（三）大数据为企业技术创新提供精准化服务

不少企业的技术创新只是对现有产品和技术进行修修补补，真正意义上的重大技术创新并不多，而且这些企业的技术创新管理还处于粗放式阶段，技术更新周期长，技术创新效率低，难以适应现代竞争的需要。大数据为企业技术创新提供精准化服务，以大数据为基础，实现企业技术创新的精细化管理和科学决策，可以让企业通过大数据挖掘客户的需求，以客户需求为导向开展技术创新，并在技术创新的过程中充分利用大数据学习和借鉴相关经验教训，避免重复研发，有效提升技术创新的效率。

第三节　大数据的应用价值与时代背景

一、大数据的应用价值

（一）加快推进大数据应用利于优化社会治理

在大数据时代背景下，政治、经济、文化和社会在结构和内容等方面发生了前所未有的变化。政府和相关单位能够依托数据共享的优势提升自身的管理服务效率和决策水平，在实际开展社会治理工作的过程中，不但可以提升治安水平，而且还能生成各种各样的方法，确保社会主体有效应对国内外的环境变化和信息变化，为现代化国家的安全治理提供保障。大数据技术可以有效实现信息整合、数据分析等功能，如采取问卷调查的方式收集案情信息及相关数据，运用大数据分析整合案情关键信息，同已有的司法案例信息和数据进行对比分析，能够快速生成与案情相关的法律意见、法律建议、法律案例、法律法规等，实现法律智能咨询，将简单类型化的法律问题咨询标准化，提高法律咨询的规范化，提升法律咨询服务的水平，进而实现人工智能咨询的 24 小时覆盖。

（二）加快推进大数据应用利于社会经济增长

大数据作为一种新型生产要素被写入中央文件中，标志着数据已成为中国经济高质量发展时期的新重点。加快培育数据要素市场是推动经济转型升级的重要举措，是解放数字化生产力的必经之路，更是我国抢占全球竞争的战略制高点的需要。因此构建数据要素市场具有十分重要的意义和必要性，对我国未来经济社会发展将产生深远的影响。与传统生产要素相比，大数据这一新型生产要素具有其独特性，要抓住数据要素市场化这个关键，积极培育数据要素市场，释放数据要素红利，发挥数字对经济发展的放大叠加作用。以数据驱动经济发展，激发创新活力。随着数字经济产业体系规模的不断扩大，基于大数据和人工智能技术的数据要素驱动经济增长代替了原有的依靠大规模投资驱动的方式。数据为创新提供了新的活力，可以引发产业和技术的持续性交互创新。当基于数据创新驱动的产业发展以及传统产业的数字化改造越加完善时，数据要素将会深入渗透到传统产业中，促进新模式、新业态等快速壮大，加快培育经济增长的新动能，提升经济增长的动态效率，成为中国经济变革和转型的重要推力。

（三）加快推进大数据应用利于产业转型升级

大数据与既有产业的融合，以直接或间接的方式加快了传统产业的转型升级。随着智能化时代的来临，传统制造业也面临着向智能制造转型和升级的问题，传统制造业是接下来大数据发挥创新驱动作用的主要产业领域。产业融合是一种新型的产业形态与经济增长方式，是培育经济新动能的重要路径。因此，促进大数据、互联网、云计算等先进信息技术产业与制造业的深度融合，有利于挖掘中国经济增长新动能，提高我国制造业的附加值，提升我国制造业的国际竞争力。

我国的制造业发展已经打下了坚实的基础，进入新阶段之后我国的制造业急需建立有竞争力的现代体系以适应新时代的发展要求，以应对日趋突出的问题及矛盾，如产业结构不合理，粗放型发展方式和产业技术的落后等矛盾日趋突出，在国际竞争中优势不足，后续发展乏力等问题。以大数据为代表的新兴技术产业为制造业的发展带来了新鲜血液，成为产业发展和产业结构升级的新动能，有利于增强制造业的竞争优势。大数据与制造业融合驱动制造业效益提升与产业成长的过程也是先进技术产业在产业链中融合赋能、价值链成长升级和更新改造的过程。

大数据与制造业的融合促进了制造业内部的技术创新，成为制造业效益提升的重要力量。大数据分析人员通过收集到的海量大数据信息进行有用信息的提炼与挖掘，从而获取数据中的价值；通过数据挖掘、价值提炼进行风险较大的探索性创新活动，进而开辟新的业务和盈利点，帮助传统企业深入挖掘自身的价值，并积极拓展新的领域，从而实现制造业效益的最大化。

二、大数据的时代背景

（一）数字经济到来

1. 数字经济是全球未来的发展方向

党的二十大报告提出，"加快发展数字经济，促进数字经济和实体经济深度融合，打造具有国际竞争力的数字产业集群"。现阶段，我国的生产函数正在发生变化，经济发展的要素条件、组合方式、配置效率也在发生改变。传统经济学理论是工业经济时代的产物，数字经济蓬勃发展的实践需要我们对主流经济学理论进行重新思考。数字经济的内涵在不断演进，经历了侧重互联网向重视多种数字技术的研发和应用再到将数据作为关键生产要素的认识过程。早期研究机构和学者将数字经济的内涵归纳为"基于数字技术的经济"，进而数字经济的内涵延伸到整个经济活动范围，包括在商业、政府事务和非政府事务中的应用。随着数字技术应用范围的不断扩大，数字经济被泛化为所有的数字化经济活动，学术界研究的重点逐渐转移到平台经济、数字化转型以及数字经济的增长、创新和治理等领域。

2. 数据要素是数字技术应用的副产品

构建以数据为关键要素的数字经济成为推动数字经济健康发展的方向。数据蕴含新的竞争优势，是认识数字经济内涵的新视角。数字经济是以数据要素为关键要素，以数字平台及其生态为主要载体，通过数字化和智能化实现高效连接，在物理世界和数字空间都可以创造价值的一种新的经济形态。

根据该定义，数字经济的内涵包含 4 个核心内容：一是数据要素是关键要素和核心要素，数字经济不是基于数字技术的经济，数字经济最大的新是在生产函数中加入了数据要素，数据成了驱动经济运行的关键性生产要素。二是数字平台及其生态创造了新的连接方式、信任体系和价值创造方式，更加准确、迅速、便捷地连接供应商和用户，通过高效且规模化的匹配或撮合促进相关方互动、匹配与交易，利用不直接拥有或控制的资源为所有参与者创造价值，产生网络效应、规模经济效应和颠覆式创新效应。三是在现实世界和数字世界都可以创造价值，数字经济是创造高价值的经济，价值本体是有别于增加值的附加值，这种附加值等价于质量、创新和体验的价值。数字经济不仅在现实世界创造价值，在线上平台、元宇宙等数字世界也可以创造价值，而且还能够在数字平台生态系统中实现价值共创。四是数字经济是比工业经济更高级的经济形态，表现为运用"数字技术＋数据要素"建构物理世界和数字世界交互融合的经济运行体系，实物产品和传统服务数字化、数字产品和服务不断丰富，提升生产、消费、流通、分配等环节的效率，新商业模式层出不穷。

（二）人工智能发展

1. 人工智能

现代社会持续发展，科技行业得到了良好发展与进步，人工智能逐渐转变成信息技术研发中的重点。在人工智能发展过程中，大数据技术和人工智能相结合，可以推动人工智能可持续发展，提高人工智能的智慧化水平。随着互联网与物联网技术的持续发展，大数据技术诞生了，网络资源储存量较大，给数据储存带来了重要支撑，利用物联网的互联功能可以采集很多的用户信息。人工智能的发展依赖于各种学科，同时应用在现阶段对社会中的人类活动展开的规律性整理、归纳和分析方面。人工智能需要大数据技术作为支撑，即运用大数据技术对数据进行知识转化，可以促使人工智能科技含量得到有效提升，进而促进人工智能的持续发展与完善。

2. 人工智能中大数据技术的应用

（1）智能制造方面

智能制造业是人工智能研究领域的一个分支，是随着人工智能技术的发展而产生的应用在生产制造产业中的一个新兴技术产业。大数据技术可以将传统制造业中各个领域相关的数据进行收集、整理、分析，并利用人工智能对数据信息进行整合，然后应用到智能制造产业中。

一般而言，智能制造工作包括两个主要组成部分，一个是关系到整个制造流程的制造系统，另一个是决定能否达到目标要求的智能制造技术。智能制造系统是智能制造工作的基石，它为智能制造工作指明了必要的规范与发展道路，而智能制造技术则为智能制造工作提供必要的技术支持。在实际操作中，先通过智能制造系统对大数据进行分析处理，然后依据先前的经验和具体数据分析结果做出相应的决策，下一步就是在智能制造技术的支持下投入生产制造之中。随着人工智能的发展，智能制造在生产制造业中的应用越来越广泛，并促进了生产制造业的发展和进步。在这个过程中，大数据技术的支持不可或缺，其为数据采集、处理等工作提供了极大的便利。例如，应用大数据技术对客户群体的消费偏好或者年龄、职业等数据进行分析整理，能精准把握用户的喜好，在投放广告或者做产品宣发的时候目标会更加明确，减少盲目宣传，避免浪费时间，从而产生事半功倍的效果。

（2）智能医疗方面

医疗领域每时每刻都在产生大量的数据，医院作为医疗领域的主要载体，拥有海量数据。通过在医疗领域运用大数据技术，可以不断提高医疗水平，增进人类的健康福祉。医疗领域对大数据的运用主要包括以下几个方面。

第一，电子病历的实时共享。患者在正规医院就诊挂号，医院的诊疗系统就会有此患者的门诊病历信息。运用大数据技术，可以给每个病人制作完整的包含大量信息的电子病历，而且医院之间、医生之间可以实时共享患者电子病历，并且可以在电子病历中添加或变更记录。

第二，医学影像。现阶段，医院的信息存储容量大部分被医学影像数据所占据，包括X射线、核磁共振成像、超声波成像等。这些都是非结构化的影像数据，而大数据的优势就是可以对非结构化数据进行储存、分析、处理。

第三，公共卫生领域。运用大数据可以对流行病的爆发和规模进行预测预警。在流行病的高发期，运用大数据技术可以获得传播时期的监测数据（异常病例增加数、检索词条、微博、论坛等），建立处理模型，从而达到预测预警的目的。

第四，临床诊断。大数据在临床诊断方面的优势在于有大量的真实数据可用于模型建立和临床预测。例如：通过大数据分析中的线性回归算法，可以了解人体血液中的胆固醇含量与体重、血压及年龄的关系；通过 Logistic 回归和神经网络分析，可以了解患者肾细胞癌转移的临床病理因素。

（3）智能建筑方面

随着社会经济的不断发展，各种先进科技不断被引入城市化发展进程中，其中大数据技术便在智能建筑领域得到应用，为智能建筑发展提供了可靠的技术支持。首先，面对近年来城市中不断增多的高层建筑，如果采用以往的消防技术必然会带来一系列不利影响，由于楼层较高，加之发生火灾时无法使用电梯，这在很大程度上加大了消防工作的难度。而在如今的智能建筑中，这些问题均得到了有效的解决，通过应用大数据技术可在高层建筑设计时在相应区域安装消防喷淋头，一旦发生火灾，可保证及时实现灭火的目的。并且消防喷淋头还可实现摄像功能，通过对现场情况进行监控，为消防人员提供现场数据，进而实现对火灾的有效防范。其次，还可将大数据技术应用于智能建筑中的温度调节系统。相关技术人员可通过智能技术对建筑的温湿度进行调节，同时通过大数据技术可监测区域的人员情况，依托模型建立匹配，然后对数据信息展开分析，获取室内温度的最佳数值，再对区域温度进行调节，以此为居住者创造良好的居住环境，显著提升人们的居住体验感。

（4）智能机器人方面

在众多人工智能产品当中，为了更好地提升对于数据的处理能力，可以使用大数据技术来对数据进行处理，这意味着利用大数据技术收集到的相关数据可以通过精确化通信传输方式来将数据传输给机器人终端。在传输数据完成之后，可以通过人工智能设备带有的数据处理功能来进行识别，从而有效地分析数据并且进行规划。在最终数据反馈之后，就可以将数据传输到人工智能终端，开始进行数据分析。这意味着可以将很多程序化的数据信息交给人工智能进行分析，利用人工智能的学习功能实现数据的精确化处理，使人工智能的功能与操作进一步精确化和人性化。人工智能技术和大数据技术结合的过程中表现出来的诸多特点随着数据类型的逐渐增加而增加，人工智能对于数据分析的需求也越来越多，从而运行的效率和精确度也将会不断提升。

第四节　大数据在教育领域的应用

一、大数据驱动可视化教学发展

（一）可视化教学的内涵

可视化教学是信息技术与学科专业知识融合的产物，其充分发挥信息技术的优势，将一些学科知识以图形、视频或者图表的形式在屏幕上表现出来。可视化教学本着以学生为中心的教学理念，充分发挥学生在学习过程中感官的综合作用，让学科知识动态化、生动化、形象化，最大可能地避免课堂中出现沉闷的氛围。可视化教学并不仅仅是通过多媒体手段直观地呈现课本内容，还包括利用可视化的表征方法表示复杂的思维过程和逻辑关系。这种教学方式能够极大地培养学生的逻辑思维能力，提高学生的学习效率，激发学生的学习潜能。对于现今的教育发展来说，可视化教学的引入可谓锦上添花。从某种意义上来说，可视化教学具有丰富的内涵，不能简单地等同于直观教学。直观教学只是可视化教学的重要手段和过程，如果课堂一味强调视觉形象，对于学生抽象思维的形成是不利的，所以必须正确理解可视化教学。可视化教学应该借助一定的教学手段帮助学生理解知识的生成过程，进而掌握知识的本质特征，最终实现从抽象到具体再到抽象的目标，发展学生的学习能力。

（二）可视化教学的特点

可视化教学能将课堂情境由远变近，增加学生的情感体验，有效地点燃学生求知的"导火索"，激发起学生的学习兴趣。

可视化教学可以将抽象的问题具象化。学生很难将抽象知识形象化，最终导致对知识的掌握和理解并不完整，运用形象化教学可以把抽象的知识具象化，把繁杂的过程变得简单明了，便于学生接受和理解。

可视化教学可以使静态的问题动态化。教科书和辅导书中的文字和图片是静态化的，而对知识的建构以及运用往往是动态化的过程。可视化教学可以将静态知识转化为动态知识，生动地展示学习过程，大大提高了教学效率。

可视化教学可以将零散孤立的知识整合起来，实现系统化。我们可以使用视觉教学方式展示知识的相互关系和产生过程，使学生将各模块的知识串联起来，形成一个系统。

（三）可视化教学的原则

1. 直观性原则

可视化教学工具的使用应尽量让知识呈现变得简洁化、明了化，不可增加学生的学习负担。因此，教师应尽量使用可视化工具来刺激学生的各种感官，结合学生已有的经验丰富学生的直接经验和感性认识，从而使学生比较全面、深刻地掌握知识。

2. 适度性原则

可视化教学作为教学手段之一，不是万能的，也不能滥用。教师要结合教学内容合理适度地使用可视化教学手段，由此才能形成更具指导意义的教学活动，呈现出更高质量的课堂教学效果。

3. 启发性原则

可视化教学应注重启发诱导，要把学生置于主体地位，充分发挥学生的主动性。可视化教学通过信息技术的融合激发学生的学习兴趣和求知欲，启发学生积极思维，引导学生独立思考、主动探索。

4. 交互性原则

目前，对可视化教学的设计和实施的重点在于知识点的动态演示和对抽象知识的直观呈现，师生间的交互性设计所占比例不大。因此，在后续的研究中，应充分体现出可视化教学的交互性优势，拓展学生的思维水平，真正实现信息技术与教育整合的研究意义。

二、大数据驱动教育管理科学化

（一）管理主体的多元化

教育大数据的应用背景下，校长、教师和学生都是学校管理的主体。

1. 校长——管理科学性提升

教育大数据在学校管理中应用使校长等学校管理者可获得的数据资源变得更加丰富，通过对这些客观数据的分析和复杂数据分析工具的使用，学校管理者可有效提升管理的科学性。教育大数据的应用使学校管理者获得了更丰富多样的数据资源。在校园信息化建设中，学校通过大数据系统获取了海量的数据。这些数据包含常规信息和非常规信息两类。常规信息指教师档案与工资信息、学生学籍与成绩等，非常规信息包含教师和学生在校园社交平台上发布的个人想法、照片与心情等。数据类型更加多样、完整性更高，数据应用价值也大大提高。学校管理者利用教育大数据充分挖掘信息价值，通过对师生的个性化信息进行分析，学校管理者能更准确、方便地把握师生动态，进而制订科学合理的管理方案，在信息资源管理、师生管理、教学管理等多方面实现最大程度的创新。

2. 教师——把握学生真实的发展水平

教师全面地把握学生真实的发展水平有利于教育效果的提升，也是学校管理的重要目标。在传统的学校管理中，教师对学生发展水平的掌握，由于数据收集的方式和数据获取范围的限制，尚不全面。教师收集数据大多依赖自身观察、他人评价、考试检测等方式，这种方式收集来的数据只能呈现学生一个阶段内的总体水平，无法根据学生的实际情况及时更新。从教师获取数据的范围看，教师对学生发展数据的收集仅局限于学生学校内的生活，其所呈现的学生发展水平不能等同于学生真实的发展水平。教育大数据的应用使教师收集数据的渠道和途径更加多元、数据来源更加广泛。教师获取数据的范围涵盖了广泛的生活和学习环境，教师所掌握的数据由部分向整体转变。同时，学生在不同时间、不同状态下的行为都将被追踪和记录，这有利于扩展教师对学生的认知范围。

另外，教育大数据的采集多由系统自动进行，可有效规避观察者自身的立场带入和观察者在场对被观察者造成的影响，有助于搜集和观察学生在真实状态下的态度和行为等。

3. 学生——个性化发展

学校产生之初就执着于培养人的伦理德性，不管学校的称呼发生怎样的变化，其功能是相同的，都是让人们明白做人的道理，成为有德性的人。个性化是学生发展的应有之义，学校是教育人的场所，人是学校工作的全部核心。尊重每个学生的个性是教育的基础和内在要求。小数据时代，对学生进行个性化教育是较难实现的，但教育大数据的应用使学生个体数据的收集成为现实。

随着教育大数据管理平台的建立以及各类学生穿戴设备、监控网络、传感系统的普及以及云计算技术的发展，时时计算、处处计算的数据生态正在形成。针对学生个体发展的计算每时每刻都可进行，学生发展的每一瞬间都能够得到及时的记录。学校可以根据学生的纵向发展数据，为学生建立"个人成长档案"，研究学生的个体学习特征，帮助教师制订有针对性的教学策略。在学生的个性化发展需求得到明确后，下一步就是为学生制订个性化教育方案。教育大数据的应用使教育者可以通过数据追踪获取学生的学习方式、情感体验、知识弱点等数据，并根据数据分析结果为学生灵活设计学习模式。

教育大数据为学生的个性化学习提供支持。教育大数据为学生的自主、自觉学习提供了海量的学习资源。传统的在教师带领下进行的学习也是学习的一种，但在大数据时代，技术为人们打开了方便之门，开阔了学生的知识视野。在教育大数据的支持下，学生可通过对网络资源的合理利用进行自觉、主动的学习。同时，基于教育大数据即时性、系统性的反馈功能，学生在自主学习的过程中将会得到适时的学习反馈和指导。在某种程度上，教育大数据扮演着学生私人家教的角色。

（二）管理方式的创新

在当今大数据时代背景下，为了更好地开展教育管理工作，各高校必须基于教育大数据进行教育管理工作的分析探索与创新发展，从而科学地创新教育管理方式。教育大数据应用促进了学校管理方式的创新，具体而言表现在以下三个方面。

1.观念引导——管理思维方式的变革

学校管理中教育大数据的应用也带动了校长、教师和学生思维方式的变革。教育是关于人的复杂的社会实践，不仅有知识的传递与推广，情感的传递和行为的塑造也内隐其中。教育大数据的应用使数据的收集、存储、分析、处理更加便捷、高效，学校管理中让数据"发声"成为可能。大数据的应用意味着我们能更准确地发现事物之间的相关性所在，将利用尽可能多的数据做决策。思维是行动的先导，思维方式的变革是教育大数据价值产生的前提。

（1）整体性思维

教育大数据的应用使学校管理数据的可视化程度得以加深，随着大数据技术的发展，整体数据使得整体性思维在学校管理中开始凸显。

一方面，整体性思维要求学校从教育活动的全过程进行管理，全面理解教育活动的重要意义。教育不仅是课程的实施，将教育等同于课程是对教育意义的窄化，其他学校管理内容，如学校环境、文化氛围等同样具有教育价值。

另一方面，整体性思维在教育实践中也有体现。整体和部分的关系是古往今来许多哲人都探讨过的话题。大数据的应用使整体和部分的关系发生了变化，学校管理中也表现出同样的趋势。小数据时代，由于技术发展的限制，抽样分析成为便捷的科学研究手段。大数据的应用使大量样本分析甚至全部样本分析变成可能。传统的抽样分析能耗费较少的成本，做出相对精准的推断，这种方法对于同质事物的研究比较有效。但抽样分析也有其自身的局限性，抽样的随机性原则导致无法顾及事物的细节分析，若分析的事物属于不同类型，那么分析的精准度将会大大下降。但在大数据时代，利用大数据和云计算技术，人们可以实现对更大范围相关数据的分析，提高事物分析的精准度。大数据的价值不仅体现在数量和价值上，更在于其整体性。学校管理中教育大数据的应用使学校管理者可以在不同学校管理要素之间建立联系，打破学校内部各要素之间的壁垒。

（2）相关性思维

随着教育大数据的应用，学校管理中的数据量大大增加、数据类型更加丰富。复杂数据的应用使事务之间的相关关系得以显现。这种相关关系先前因简单数据的限制而不为人知。随着相关关系的显现，相关性思维逐渐形成。在相关性思维方式的引导下，人们更多地倾向于对相关关系的探索，但对相关关系的探索并不意味着对因果关系研究的否定。相关关系与因果关系保持着深刻的联系。相关关系着重于分析事物之间的可能性，而因果关系的重点在于探究事物之间的必然性，必然性蕴藏于可能性之中。在以育人为目的的学校管理中，我们不能盲目地利用教育大数据。对教育大数据的盲目应用极易使其异化为功利的教育工具。我们在应用教育大数据时，应基于相关关系与因果关系之间的联系，探索教育大数据在学校管理中应用的更多可能性。

相关性思维为学校管理提供了新的观察视角。一方面，教育大数据的应用可以使稀缺的教育资源得以显现。依赖相关关系研究，教育大数据可以发现那些因技术水平限制而不为人知的影响学生发展的非常见因素。这些因素出现的概率较小，只有对学生进行长时间的持续监测才有可能发现。一旦这种非常见因素有了相应的数据解释，目前的教育认识就能得到相应的拓展。另一方面，基于相关性思维的教育大数据预测为道德教育提供了支持。教育大数据的应用使教师能够基于海量数据对学生发展做出合理预测，通过对数据的分析，事物发展的规律得以显现，最终呈现出可预测的发展趋势。

2. 环境陶冶——学校管理空间的延拓

教育大数据的应用拓展了学校管理的空间，在数据维度联结了社会、家庭、学校等空间。学校教育无法覆盖学生全部的生活情境，学生一旦走出学校情境，学校管理便无法发挥其作用。教育大数据在学校管理中的应用使得社会、家庭、学校等空间的联结成为可能，打破了教育的空间限制。传统教育是将知识在学校中进行传授，继而由经由学生的推广、传播将知识、情感等扩散至其他生活情境。学校生活是学生生活的一部分，但学校空间与其他生活空间的性质大相径庭。学校是一种人造的封闭空间，具有简单化、单一化的空间特征。而实际的生活空间则是复杂的、充满变化的。

3. 特色突破——教育大数据自身建设

教育大数据在学校管理中的应用和发展使数据建设日益在教育信息化领域充分显现其价值。数据资源成为提高学校决策科学化、管理精细化水平的生命基因。学校管理行为被真实记录，并通过网络传输到"云"中。教育大数据日益成为决定学校之间竞争胜负的关键因素。此前的学校决策大都依靠管理者进行，由管理者依靠办学经验和专业知识，设计教育环境、布置教育实验场景、了解师生意见、关注学习情况、采集教育信息、进行教育决策等。随着教育大数据的广泛应用，仅靠办学经验和理念将无法继续在竞争中占据优势，学校竞争力的重点发生转移。当前在各学校之间存在差异的现实情况下，教育大数据的引入是学校形成自身办学特色的又一重要途径。区域教育也能借助教育大数据的应用进行升级改造，通过学校管理方式的改进，打造区域教育发展特色。

基于大数据的时代环境，收集到的教育数据的数量以及种类都在不断增多，而在某种程度上来说，教育大数据时代已经来临。因此，教育数据也在不断地增多，各大学校可以与自身的发展实际相结合，形成符合本校发展实际的教育模式，这样的教育管理模式可以更好地适应当前学校学生的发展程度。学校要不断地更新教育数据库，从而为学生提供更全面的数据支持。

（三）管理内容的拓展

教育大数据在学校管理中的应用也表现为管理内容的拓展。教育大数据在学校管理中的应用，首先是数据的采集。学校所拥有的大量的数据为数据分析提供了坚实的数据基础。为推动教育大数据在学校管理中的应用，需要加强学校的数据管理工作，形成系统、完整的信息采集系统，释放数据潜力。其次是数据的分析。数据分析的目的是开发数据信息潜力，发挥数据价值，全面掌控数据。最后是保障数据安全。教育大数据将学校管理各要素如教学、教务、财政等整合为一个系统。在应用数据的同时，尊重数据隐私，保障数据安全，成为学校管理的重要内容。具体而言，可从人力资源、课程教学、教育科研这三个学校管理的方面对教育大数据应用于学校管理的合理性进行论证。

1. 人力资源——促进教师专业发展

教师是学校的重要人力资源，学校管理中教育大数据的应用可以有效促进教师的专业发展。教育大数据可以将每一位教师的备课、上课、团队研讨等教研活动数据进行收集、存储和分析，从中发现隐藏的、有价值的信息，据此对教师专业发展的轨迹做出过程性评估，并提出有针对性的建议，为更好地促进教师专业发展提供科学支持。

基于教育大数据的支持，学校可以对教师的发展现状与需求进行精准把握。学校数据管理平台如网络研修平台、数字校园等所存储的数据具有巨大的应用价值，对其中的数据进行挖掘和分析能够使学校对教师的行为路径、发展现状和需求等进行真实、全面的把握。基于教育大数据的分析结果，学校可以对教师的发展现状、发展偏好、个性特征进行总结概括。基于数据分析结果，学校可优化组合教师发展资源，寻找适合教师的个人发展模式，探寻多样化教师发展路径。这种方式在一定程度上为教师专业化发展难题的解决提供支持，有利于教师专业素养的提升。

2. 课程教学——课程教育模式创新

教育大数据的应用使学校课程教学的模式得以创新，云计算、传感技术、物联网等新技术的使用推动教育大数据的应用进入全新阶段。教育大数据通过对传统教育信息系统的优化整合建构起教育服务云平台，形成新一代数字校园网络，重构教育信息系统，在更大范围内聚合教育资源，建立更大规模的教育数据库，使教育大数据可流动、可获得、可应用，对教育教学的全过程进行支持。教育大数据的应用使其用户可以随时随地获得优质教育资源。学生学习不再局限于课堂，基于教育大数据的教育云平台为学生提供了无墙的课堂。多样的课堂教学方式借助教育大数据平台突破时空限制，供学生选择和使用，推动学校教学由封闭走向开放，由单一走向多元。课程教育组织形式逐渐发展为半开放混合式课程。翻转课堂使课堂的教学时空得到拓展，基于网络的慕课（MOOC）课程推动教学向深度协作式、开放式、社会化发展。在课程评价方式上，以教育大数据为基础的学习分析技术可对学生的知识建构能力和复杂问题解决能力进行评估，从而为学生的个性化学习提供支持。

3. 教育科研——实证转向教研成果

教育科研作为学校管理的重要内容之一，在近几年的发展历程中出现了一些问题。一些教研成果是一线教师的自我主张以及个人观点，偏向于对自身观点的展示和传达，对所研究的教学实例的应用有所忽略，不能适应教育教学的实证研究，缺乏一定的真实性。教育大数据的应用可以使教师对不同课程、教师和学生数据进行汇总，对教学内容进行深度分析，对课堂内容进行系统化的反馈和研究，从而使教育科研打破原有的研究壁垒，形成科学合理的教育数据研究文化，增加实证意义，提高真实性，提升教师的教育科研水平。

三、大数据驱动教学模式改革

（一）加强教育教学资源库建设

在大数据时代下，数据资源不断增多，对此，高校也需要积极改进教学理念与教学模式，但是，对于高校当前的教育教学资源库建设而言，资源素材数量较少，结构较为单一，多为教案编写、课件设计、作业设计等提供参考，少有根据学生需求、个性特点、未来发展而系统化建设的教学资源库，也没有从教育教学改革实践出发进行创建的教学资源库。对此，高职院校需要加强改革，从多个方面积极探索教学资源库的建设方法和途径，把握教学资源库建设的主要目标、核心，确保教学资源库可以有效满足学生的成长需求和学习需要。教学资源库建设应注重以提高学生学习效果、学习能力、综合素养为前提，在建设的过程中，还需要从学生角度、教师角度、学校角度三方面出发，完善现代化教学资源库建设。对于其内容，要围绕微课教学、电子书籍、在线图库、在线教学平台等进行建设，为广大师生互动、交流、教学打造优质高效的现代化教育教学平台。

（二）促进教育教学模式的创新

1. 转变观念

从大数据视域出发，学校要想改变教学模式，首先要实现教学观念的转变和革新，从创新发展的角度出发，利用大数据时代的背景特征将教学的内核与之相连，以大数据催生的信息技术手段对教学结构进行优化。在教学活动中，教师与学生的角色需要发生转变，从传统的主导与被主导转化为以学生为核心的辅导化学习形式。针对学生的实际学习需求，教师在教学环节中予以准确有效的引导和指点，以学生自身的主观能动性为出发点，发掘学生的自主学习能力，增强学生的学习兴趣和探索热情。学校教学要想实现良好的发展，应当顺应大数据时代潮流优化教学手段，实现多样化教学，完善教学系统设计，从而提升教学技术的整体质量。

2. 转变方式

传统的教育教学注重理论的解释说明，而在学生个人思维品质培养及发展方面则有所欠缺。同时，在理论课程中过于僵化的教学方式也影响着学生的学习热情。因此，为了紧跟新时代创新育人的发展步伐，当下迫切需要对传统的教学模式进行改革创新。在教育变革发展的浪潮中不难发现，翻转课堂的教学理念已为学校理论课程的教学改革带来了新的思路。

首先，翻转课堂强调以学生为中心、以人为本、全面发展，注重学生学习过程与学习成果的统一。翻转课堂借助现代化教学方式，通过上课过程中与课后的补充，让学生通过与学习伙伴合作、协商的方式去完成任务，最大限度地调动学生参与学习活动的积极性，同时还给学生提供了在完成任务中体验成功的喜悦、获得成就感的机会。这种成就感就是推动学生自主学习的原生动力，并且还能使学生在探索知识的过程中不断提升自主学习能力和自我管理能力。而且，翻转课堂还注重基于小组交流和讨论平台的探究式学习，学生可以通过预演、课堂讨论和课后扩展学习来完成教学目标，能大大提高学生发现和解决问题的能力。

其次，翻转课堂是教师根据教学内容、课程难度、新知识设计的教学视频，学生可以在教学前观看教学视频，并独立自主学习新知识。之后，师生可通过互动讨论在线学习中遇到的问题，从而能够更好地理解新的知识，有质量地完成学习任务。并且翻转课堂的教学视频大多都具有针对性，视频简短并且专门对应着特定的问题，对学生的自主学习十分有帮助。

四、大数据驱动个性化教学的真正实现

（一）大数据支持的个性化教学组织策略

个性化教学可以根据需要灵活选择运用多样化的教育组织形式去实现学生的个性发展，如个别教学、小组教学或班级教学等形式。

班级授课辅之以个别教学。在单一的班级授课教学情境中，少数学生的潜能没有得到开发，未得到应有的重视。集体教学与个别教学相结合能够综合两者的优点，既能发挥班级授课制具有的经济、有效的优势，又能照顾到学生的个别差异。这种组织形式的工作思路主要是通过抓传统意义上的优等生和后进生，促进中等学生上进。

分组教学，协作学习。分组学习在教学中已经有较多的应用，主要有同质分组和异质分组等形式。个性化教学一般以学生的认知为基础通过异质分组的办法

进行合作学习。异质分组能根据学生间的差异性合理划分学生小组，在发挥各组员的特长的同时又能促进学生之间的团结协作。在小组中，每当遇到疑难问题时可先由组内同学商量解决，无法商量解决的问题可请每组选出的组长帮忙解决，依旧未能解决的问题将请教师解决，若有必要教师可对各组组长进行集中式辅导。这种方法有利于合作精神的培养，也可进一步增进同学间的友谊，在互助中还能使学生树立起学习自信，提高学生的学习兴趣和学习能力。

班级授课、分组教学、个别教学等组织形式的结合。个性化教学可以结合个别教学、班级授课、分组教学的优点，取长补短，在教学方面取得更好的效果。在讲解新的基本概念和基础知识时，可以采用集体教学的形式，以保证班级中大部分学生都能够理解和掌握新知；对困难问题的探究可采用小组协作的形式；对学习方法进行指导及培养学生个人能力时则可以采用个别指导的形式等。整合班级授课、分组教学和个别教学的组织形式既可以保留班级教学的优势，又增加了学生交流互动的机会。

（二）大数据支持的个性化教学实施策略

学生学习过程中的"个性"主要体现在学生原有的认知基础、学习动机、智力、元认知水平、认知风格五个方面。根据多元智能、掌握学习及认知风格等相关理论，本书提出以下策略：分层激励，差异化发展；基于问题情境的学习；多元教学形式；促进学生自主学习。其中，分层激励，差异发展策略用于学生在认知基础和学习动机上的差异；基于问题情境的学习策略和多元教学形式策略用于学生在智能上的差异；促进学生自主学习的策略用于学生在元认知水平和认知风格上的差异。

1. 分层激励，差异化发展

由于学生原有的学科认知基础参差不齐，对于相同的学习内容既有学生会觉得简单、没有挑战性，也会有学生会觉得困难，甚至面对此类学习内容时会降低学习动机。因此，探寻不同学生的"最近发展区"，对不同层次的学生实行分层的教学与辅导干预，使各个层次的学生都得到激励，并在原本的认知水平上能够差异化发展是非常重要的。对此，教师首先得依据一定的标准对学生进行动态分层，并避免学生知道自己所处的层级，保护其自尊，减少潜在心理因素的影响。教师还需对相应的教学内容、教学目标与学习任务进行分层，以适应不同层次学生的需求。

2. 基于问题情境的学习

学生难以对孤立的知识点进行系统构建并解决现实生活中的问题。世界著名发展和认知心理学家加德纳（Gardner）认为智能具有"情境性"，在真实情境中，学生将所学与现实中的应用相结合，可以有助于其理解学习内容，获得现实情境中所需要的知识和技能。因此，对问题情境学习的开展可以依托问题进行，让学生在解决问题时主动探究。

3. 多元教学形式

在多元智能理论指导下，教学的手段和表现形式可以围绕不同智能类型展开，让不同的学生能够运用适合自己智能特点的方式通过合适的途径来掌握知识与技能。

4. 促进学生自主学习

学生不仅需要学习知识，更应该学会如何学习。教师需要在教学过程中把如何学习的方法传授给学生，培养其自主学习的能力。学生需要对自己的学情有较为客观的认知，给自己合理定位，制订个性化的学习计划。在此基础上开展学习活动，并进行自我监控。此外，还要进行自我评价，总结经验。最后也适时修订学习计划。教师可以在学生自主学习的过程中提供一些指导和帮助。

（三）大数据支持的个性化教学评价策略

课程的评价需要正视学习者的个别差异。学生在学习过程中会表现出丰富的个性和创造性，对此教师应给予充分尊重，对不同起点的学生在原有基础上取得的进步都应给予认可。

首先，评价的多元化体现为评价内容、评价主体、评价标准的多元化。在评价内容方面，尽量全面地评价学生的各种素质、能力和情感，如从知识获取、合作情况、学习态度、最终作品等方面进行评价。在评价主体方面，除了教师外，评价主体还可以包括学生、学校管理人员、家长和校外人员等。通过学生自评、同学互评等，学生可以看到自己的整个学习过程，深入了解自己学习过程中出现的不足，有针对性地修改学习进度与内容、调整学习策略、改进学习方法。在评价标准方面，需要针对不同学生的情况来确立不同的发展目标及相应的评价标准。

其次，评价的发展性。个性化教学评价着重关注学生的发展，因此，教师需要对每个学生做出两种不同的评价。一是对学生现有的知识水平及其发展能力做出的较为清晰、相对正确的评价，并预测他的发展趋势，调整自己的教学行力；

二是根据已做出的清晰评价，考虑将该评价反馈给学生后对该生的后续发展会产生怎样的影响。对于教师而言，做出的模糊评价应充分考虑学生的个性心理因素，或高于或低于清晰评价，着重考虑提出建设性意见以激发促使学生发展的积极因素。

大数据背景下的个性化教学系统能够在全方位采集学生学习情况的同时，借助其中的分析和预测功能，有效变革之前的班级授课的模式，推动学生个性化教育工作的发展。大数据技术能够实现自主学习、合作学习等现代化学习模式的综合创新应用，实现课前预习、课中的知识学习以及课后巩固的有效衔接，与学习过程相关的数据能够及时地反馈到学生的终端上，确保学生的学习主体地位得到应有的尊重，并为其提供相应的学习建议。教学内容也可以由教师结合平常的测验或者通过考试所得的学习数据分析进行重难点教学内容的调整，并同步优化相关的教学方法和策略，教师能够在结合学生具体需求的情况下，有效掌控整个教学过程。

五、大数据驱动教育评价体系重构

（一）加大力度提升评教的准确性

首先，不能有太多的评价指标，一套评估系统的指标项目通常以3—5个为宜，以减轻学生在评课时的疲劳感，以提高评教的精确度。其次，在评教的全过程中，要强化对学生评教的全面监督。在评教之前，要审查学生是否有参加评教的资格，防止学生盲目地评教，如果可以，应挑选不缺课的学生，并充分利用评教系统的"签到"功能。在评教的中间阶段，对评教工作进行实时监控与管理，注重学生对评教理念、评教指标、评教方法的理解与运用，并及时给予回答、辅导，防止评教结果不真实。最后，在评教结束后，要对所有学生的"整体评价"进行科学的筛选，剔除不合格的数据，然后进行评分，如果是根据各个班级的学生数量来进行评分的，应去掉分数中的5%，然后进行统计。评分后，将"整体评价"和"指标评价"的评分进行对比，并计算两者的差异。

（二）创新教育评价的手段和指标

1.创新教育评价手段

教育信息化是高等教育评价体系建设、改革的抓手，是科学决策、规范管理、优化服务的有力保障。结合高等教育现代化发展的诉求，通过大数据与互联网技术，构建国家数据平台，营造覆盖教育全领域、全过程的监控体系，客观采集、全面整合各类数据信息，能够为教育评价体系改革提供坚实的信息基础。

2. 革新教育评价指标

针对我国高等教育评价指标体系所存在某种程度上的"重量轻质""重硬轻软"的问题，高校应加强理论研究，探究体验性因素、过程性因素、潜在因素等隐性指标的建设机理，使其与大数据技术充分结合起来，借助大数据分析技术，让各类隐性指标得到充分的应用。与此同时，教育评价指标还需要一个长期的、充分的、全面的验证过程，通过不断的验证、检验、实验，使其可以更好地应用在高等教育评价改革的过程中，切实解决我国高等教育评价所存在的科学性、合理性问题，提升教育评价过程的有效性。

（三）实现教育评价数据集成共享

大数据为学校教育质量评价提供了新视野和新途径。高校应抓住大数据给教育带来的机遇和挑战，坚持问题和需求导向，推动教育质量评价智慧化和可视化发展。依据数字技术的赋能作用，可实现高校各部门数据共享以及供给侧和需求侧的精准对接，有效落实学校的教学任务。利用大数据技术的优势，高校可以构建以教育要素为自变量和学生整体状况为因变量的教育评价数字平台，实现对学生学习成效与思想状况等方面的模型构建，自动生成学生教育评价报告，并通过可视化技术生成学生个体和群体的行为画像，准确地评估学生教育效果。

第三章 教育大数据的价值

学生作为教育教学活动的核心，是学校教务管理部门以及教育相关人员的重点关注对象。使用教育大数据对学生的行为规律及生活习惯进行分析，能发现各种行为特点对学生学业表现的影响。我们可以利用收集到的学生的各种数据信息，对学生的行为活动进行分析挖掘，进而基于学生个人对其未来的表现及可能出现的风险进行评估，从而基于学生个人需求提供定制教育服务。对教育大数据进行充分利用能提前发现有学业风险的学生，及时有针对性地对该类学生采取干扰措施，对学生成绩的提高以及心理健康发展是大有裨益的。本章分为教育大数据概述、大数据之于教育的价值两部分。

第一节 教育大数据概述

一、教育大数据的界定

作为大数据领域中的一个重要子集，教育大数据特指大数据在教育领域中的应用，其在兼具大数据特征的基础上，还具有全员、全程、全方位等特点。而关于教育大数据的界定，众多学者探讨过，综合各学者的意见，笔者认为，教育大数据是根据教育研究需要对整个教育活动过程中所产生的与教育相关的并进行有针对性的采集的数据，特指一切用于促进教育发展并可创造巨大潜在价值的数据集合。

二、教育大数据的特征

任何技术都孕育于特定的社会文化背景之中，响应特定的社会需求并推动社会的进步。大数据技术以"一切皆可量化"的无畏姿态加速数据流通与数据连接，自由裁量有关自然、社会和人类行为等信息，使世界成为人与数据共存的联合体。教育大数据既是教育信息化发展阶段性的显现，也是大数据发展自身逻辑增长的必然。因此，对教育大数据特征的认识和把握必须与大数据及大数据技术的特征相联系。

（一）教育资源规模剧增

教育是一个信息传播和教育对话的过程，是"现实的人"进行思想交流与行为互动的过程，包含信息、知识、精神的双向输送。在此过程中，势必会产生大量的有保存价值的科研、教学、管理等文字、图表、声像等不同形式的数据信息。传统的数据整理关注教育对象的群体水平，依靠周期性和阶段性的数据收集模式来诠释宏观和整体的教育状况，但这一过程中大量有用的数据被遗忘和忽略，直接导致数据的规模相对较小。而大数据的收集和存储模式使海量增长的教育数据资源汇聚成巨大的资源数据库，随着时间的推移，教育对象的需求会发生这样或那样的改变，增量式添加数据服务信息是动态察觉其需求的必要程序，也是一个数据不断集成的渐进过程。另外，教育将人的思想行为数据作为"精准识人"的素材，人的内在思想特征和外在行为表现均具有复杂性，每时每刻都在产生大量全新的数据素材，大数据的出现使全程、快速、复杂的行为和现象记录成为可能，为教育的关注点实现由宏观群体向微观个体转变提供了契机。比如，电子科技大学曾做过一个"寻找校园中最孤独的人"的课题。他们从 3 万名在校生中采集到了 2 亿多条行为数据，这些数据来自学生的选课记录、进出图书馆和寝室、食堂用餐、超市购物等。通过这个课题找到了 800 多个校园中最孤独的人，他们平均在校时间两年半，一个知心朋友都没有。这些人中的 17% 可能产生心理疾病，剩下的则可能用意志力暂时战胜了症状，但需要学校和家长重点予以关爱。

同时，应用大数据技术能够采集和存储浩瀚的数据，并能对数据的获取和收集保持实时更新和动态存储，实现分散化教育资源的无缝衔接。高效、实时、动态更新的信息数据优势为精准教育提供了类型丰富的教育资源，解决了传统教育资源由于地域限制造成的资源分散、资源共享度不高等问题，能够将多渠道来源的结构化和半结构化数据按需集成起来，增加教育数据资源的规模。

（二）教育数据跨界融合

数据的跨界融合是大数据运用得以发展壮大的关键，如何将多渠道来源的教育数据按需集成起来是提升教育大数据实效性的必要环节。教育大数据的成功实践离不开数据的顺利交换和整合，但一直以来教育面临着内外部之双重"数据割裂"和"数据孤岛"的困境，因为构成教育大数据的不同部分往往散落在不同地方，这给教育数据运用的广度和深度造成极大障碍，难以产生价值共振效应。而大数据的运用为教育打通了"数据壁垒",将教育对象的基本信息数据、动态行为数据以及教学管理过程产生的多维度数据集合在一起,实现了数据源的多方跨界。通过对思想政治教育对象信息数据以及教学过程生成数据进行综合分析,我们能够从不同的角度刻画出教育对象的思想发展状态和行为趋势,找出"教"与"学"之间的规律性特征和本质性关联,以更加全面、系统的方式为思想政治教育者提供教育对象的成长报告。在大数据时代,数据分析工作通常需要处理不同来源、不同领域的数据,这些数据呈现出不同的模态。思想政治教育大数据模式下的思想政治教育工作者通过融合数值型数据、文本型数据、流媒体类数据等多类型的数据,对其选取多重角度进行分析,使思想政治教育各参与主体的信息数据来源的边界不断扩大,价值不断得到挖掘。

(三)教育多元主体协同

教育大数据实践的主体不是单一的,而是多元化的。综合分类来看,教育大数据实践的主体主要包括决策者、管理者、使用者。这些主体在教育过程中相互合作与协调,即不同主体之间基于"立德树人"的共同目标,在协作式与支持性的环境条件下,根据客观条件、具体任务等变化有效参与、沟通和协作,实现各主体的人员聚合和协同配合。从这个意义上来说,多元主体部门间和系统间的有效参与、沟通和协作是形成协同育人效应的关键前置环节。

大数据技术为教育各主体的专业发展提供了充足的资源和情感支持,同时也为其在专业领域的成长发展搭建了广阔的实践平台。在教育过程中,多元主体协同旨在打破各主体单打独斗、资源分散僵化的局限,拥有共同愿景、进行协作分工、推动平台共建、实现资源共享等方面都应纳入协同支持的条件范围内,让角色各异的主体在各个任务阶段发挥不同的作用。教育决策者拥有把握教育方向、制订教育方针政策的权利,决定着教育的发展方向和实施成效;教育管理者是负责落实各项管理制度的管理人员,在教育大数据实践中承担具体任务的实施、保证过程有序的重要任务;教育大数据的使用者是指包括教育者和教育对象在内的教育大数据的实际使用和受益的人,他们直接参与到实践的每一个环节。由此可见,教育内在地贯穿着整体性原则,因此人员聚合以及协同配合在教育大数据应用中有其必要性。

(四)教育服务平台化

大数据时代,为了让数据更好地实现业务价值,必须有灵活、高效、可扩展的数据服务平台作为支撑。目前,平台化的数据服务已经逐步走向零售、娱乐、旅游、金融、工业等公众生活和工作的方方面面，平台化的大型数据服务平台系统在数据与服务之间建立连接，更好地彰显了数据的资产价值。作为教育融合创新、提质增效的支撑点，教育大数据平台无疑成为教育的重要载体。我们将基于平台的个性化的教育数据分析和教育服务定制称为教育实践平台化，这种平台化的服务模式使快速定义、集成数据、自动化流程成为可能，使教育能更好地适应当下大数据时代组织运营的特点，获得以前无法拥有的强大计算、分析和存储能力，使平台服务于教育实践取得实质性进展。同时，平台能够实现资源采集与集成、数据建模与分析、结果可视化、用户交互、信息检索与筛选等基础功能，帮助教育者根据自身工作的实际需求快速地搭建、个性化地配置面向具体育人服务的数据系统和服务平台，从而实现教育育人服务的个性化定制。此外，教育大数据平台的整体性是实现一站式数字化服务的前提，灵活性是及时响应服务需求的保证，可靠性则是教育大数据平台获取广泛支持的保证。总而言之，教育服务平台化的转向对教育高质量规划和发展具有重要意义。

第二节　大数据之于教育的价值

一、帮助教育数据实现可视化

当前，信息技术发展推动教育领域的数据呈现指数级增长，形成了海量的教育数据，教育领域进入大数据时代。所谓教育大数据是大数据的一个子集，是在教育教学和校园活动中产生的在教育管理和科学研究活动中采集的对推动教育发展有巨大潜在价值的数据集合。对在线学习系统数据进行可视化研究，进而发掘数据背后的价值，能够帮助学生高效学习，同时可以惠及教师、家长、教育管理者等，在提升教育质量、促进教育公平、提升教育服务等方面存在巨大的研究价值。

（一）数据隐私保护

教育大数据对教育发展有着潜在价值的同时，也存在潜在的隐私风险。教育大数据的应用需要注意风险预防，培养学生的数据隐私保护意识。政府方面可以制定相关的法律法规来约束教育大数据的应用，形成学生数据隐私的立体保护体系，力求在大数据运用和隐私保护这两点间寻求一个平衡点。如美国政府针对此类学生数据隐私侵犯问题，通过了立法和政策引导以及行业协会的自律性政策，基本构建起大数据时代的数据隐私保护法规体系，运作方面也形成了数据隐私治理体系。除了数据隐私风险外，大数据应用存在的风险还表现为在人工智能技术自身、利益相关主体的问责等问题上面临数据与算法的缺陷，影响教育大数据潜在价值的挖掘，这些问题都需要教育者正视并注重。大数据技术在高等教育领域存在伦理道德问题和社会挑战，因此，高校在应用大数据技术时应保持审慎的态度，这样才能保证数据挖掘的科学性和规范性。

（二）关注个人学习风格

并非所有的数据可视化都面向同样的用户，因此把握好服务对象非常关键。首先，不同学习者的学习风格是各不相同的，对于学习积极性高的学生不需要系统给予太多提示和干预甚至是入侵式的提醒，这类学习者一般都会主动完成自己的学习任务，积极探索自己的需求，有计划地追求高目标高质量的学习。如果系统提供太多干预可能会引起他们的反感或不适，特别是当系统给出的提示不符合学习者个人的学习习惯时，更会引起学习者的不满。而对于学习主动性低的学生，系统的提示才有可能起到积极的正面效果。对于这一点，系统应该有自适应的学习功能。如果系统检测到学习者经常登录网站学习，做一些练习、测验，并积极主动地下载浏览学习资源时，系统应该降低干预度，反之则应该提高系统的干预度。

其次，不同的学习者有着不同的视觉偏好，同一种数据，有的人可能喜欢用柱状图表示，有的人可能比较容易接受用直方图来表示，系统对于同一种数据应尽可能用多种合适的可视化方法进行展示，供用户自行选择。只有充分考虑到学生的个人性格特征，系统才能做到智能化地因材施教，最大化地贴近用户的需求。关于学生个人数据是否对外公开的问题，这个要看学生自己的意愿，优秀的学生或许更愿意公开自己的学习情况，但学习较差的学生却不一定想让别人知道自己的情况。和同伴进行比较也是能够促进学习者学习的，但比较却不一定要暴露，关于这一点系统应该要给予个人选择的权利，个人可以有选择地公开个人数据。最后，用户界面的颜色和字体可能会影响到呈现的视觉效果，因此仪表盘在可视化时可以对视觉表征方面进行进一步细化。例如，用户可以根据自己的偏好来调整视觉表示，这需要仪表盘具有用户控件的高度交互功能，允许可视化的个性化，用户可调节字体、颜色、饱和度、亮度、大小、标签、纹理等属性。

（三）关注用户反馈情况

一般研究只关注如何对数据进行可视化，如何展现更好的可视化效果。这个研究层次仅仅停留在怎样去做的点上，很少有追踪用户使用系统后的反响情况如何，如学生是否如我们预期的那样感受到了可视化的效果，教师又是否感觉到可视化技术给教学带来的益处，以及不同数据可视化方法带来的效果之间的差别问题。探索可视化的一般规律或规范问题，探讨不同类型的数据对应的可视化方法以及不同性格的人对图形视觉的偏好问题，这些都是未来的在线平台进行可视化时需要注意的问题。如能发现可视化的一般规律以及不同性格的人的可视化效果偏好问题，将有助于未来系统的数据可视化工作做得更好，更贴近于人性化的服务，如此用户的体验感会更好。系统可以内置问卷调查模块，用于收集用户对系统的看法和建议，基于问卷数据分析用户的偏好，有利于系统的进一步完善。

（四）关注学生线下数据

目前的教育数据可视化的数据来源一般都是学生的在线学习数据，是基于电子设备存储的静态数据，这种数据方便收集，也方便利用计算机进行可视化分析。但是学习更多地发生在线下环境中，放眼中小学校，学生大部分时间是进行线下学习的，如坐在教室里听课，线下学习则包含了学生的面部表情、肢体动作以及学习环境等数据信息。这些数据也能反映或影响学生的学习情况，在仪表盘的背景下，如若能把这些线下数据和线上数据集成起来，线上线下相结合分析学习者的学习情况，增强仪表盘反馈的效度，则可以更准确地捕获学习者的当前状况，从而更好地帮助学习者提升学习成绩。比如近期一些研究显示，人们对探索从各种可穿戴传感器和音频视频流收集的生物反馈的多模态数据越来越感兴趣。国内已有试点学校用摄像头来捕捉学生的面部表情，分析学生的上课认真程度，但由于各种因素，现今还未能推广开来。因此，未来的学习分析仪表盘需要具备可扩展性功能，收集各种来源、各种数据格式的大量实时的学习者数据（如可穿戴传感器的数据），并对学习情况进行综合分析。

二、提升学校教育工作质量

（一）大数据有利于提升教育工作的科学性

海量数据源于各式传感器与各种智能设备在人们生活中的广泛应用，以至于在互联网时代可以轻易地将被记录者的点滴信息以数据的形式真实、客观地传输到后台服务器，使采集到的数据日益丰富、庞大。这些数据汇聚起来的规模不可估量，其创造的价值日益受到人们的关注，并在各行各业中发挥着巨大的作用，如谷歌建立在大数据基础上的商业帝国。高校思想政治教育工作担负着宣传党的先进理论与培养担当民族复兴大任时代新人的光荣使命，因而需要紧跟时代步伐，迎接大数据时代到来。高校思想政治教育者在教育教学中可以依托大数据平台更客观地了解学生在学习等方面的情况，并及时帮助学生解答各种疑惑，还可在此过程中将教育内容潜移默化地传导给学生，以达到教育学生的目的。另外，透过客观的数据可以准确评价学生的言行，让教育者不过多地带入个人情感，尽可能减少因人为误判而对学生成长带来的不利影响。总之，大数据有助于推进高校思想政治教育供给侧改革，不断促进教育者育人方式转变，充分满足学生身心发展的需要，进而提升高校思想政治教育工作的科学性。

（二）大数据有利于扩宽教育工作的全面性

大数据是基于互联网的推广与普及、信息交流的频繁而产生的不计其数的信息的集合。随着通信技术更新换代频率的加快，越来越多的文字、图片、视频等信息以数据化的形式快速呈现，构成了海量的数据，这些数据囊括人们生产、生活的方方面面，延伸到人们日常活动的各个角落。高校思想政治教育工作以大学生为主要教育对象，这一群体体量大、思想活跃，要想准确了解他们的思想状况，就需要对他们进行追踪采访。教育者常用的是样本分析法，通过随机抽样以及定期访谈了解学生的内心世界与情感波动，并以调查的样本为基础，进一步推断学生整体的思想政治状况。这方面的调查研究工作一般是由从事思想政治教育的相关教师负责，他们缺乏系统的统计学等专业知识的培训，对样本的解读难免存在缺漏，这间接影响了高校思想政治教育工作的成效。运用大数据技术能实现由样本向总体的转变，即"样本＝总体"，覆盖范围得到极大的延伸，几乎囊括人们生活、学习的全部数据。因而大数据可以将全部学生作为调查对象，这种基于全部样本得出的结论更有说服力，同时大数据也为教育者提供全方位的学生信息，为高校思想政治教育工作带来极大的便利，也将有效满足学生的不同需求，进而扩宽高校思想政治教育工作的覆盖面。

（三）大数据有利于增强教育工作的精准性

数据是信息的载体，大数据是由众多个体数据汇集而成的。通过对个体数据进行分析，个体数据变得越来越丰富、全面，也将会聚拢起许多有价值的信息。在大数据时代，我们可以通过解读个体数据了解个人喜好，如电商平台通过对消费者的浏览痕迹的分析了解他们的消费习惯，当消费者再次登录网购平台时，页面会将消费者感兴趣的信息进行精准投放，刺激他们的消费欲望，以增加平台的业绩。大数据时代的教育工作将更加注重学生的个体感受，丰富教学形式，深入推进精细化教育。教育者可以利用网络平台进行线上教学，同时与学生进行在线交流，实时解答学生疑问，还可以缩短师生的空间距离，增进师生情感交流，也能够让学生在愉悦的心境下接受有思想性、理论性的知识，从而让青年学生提升政治认同素养，扛起新时代的责任担当。另外，思想政治教育者还可以根据学生线上线下数据的分析，了解不同学院、不同年级、不同专业、不同背景学生的兴趣点，同时掌握学生对所讲授知识的接受度，知晓学生近期的思想动向，便于在课堂教学与日常管理中有针对性地对不同层次、不同性格的学生进行差异化教育，还可以定制学习小手册，引导学生自主学习，帮助学生养成终身学习的习惯，使学生在领悟知识的过程中进行自我教育。

（四）大数据有利于加强教育工作的预测性

大数据时代，学生上网所留下的痕迹及日常在校所用的校园卡、图书卡等的信息汇聚成庞大的数据，学校可以通过专门的程序分析这些数据，从而预测事情发生的可能性。教育工作面对的主要对象是大学生，他们年轻富有朝气，但做事易冲动，不考虑后果，有时在处理同学关系等方面表现得不成熟，这样会对他们的健康成长带来不利的影响。另外，由于大学生的正确价值观尚未完全形成，当他们面对网上形形色色的信息时易受错误信息的干扰，进而做出不理智的事情，影响他们在校的学习与生活。大学校园生活多姿多彩，为学生的成长提供了无限可能，然而一些大学生受社会不良风气的侵蚀，变得精神萎靡，对学习不上心，排斥课余丰富的社团活动等，极易发生令人担忧的事件。所以，快速预测学生的行为动向，以便及时对有问题的学生进行危机干预，避免校园惨剧的发生正成为教育工作亟须面对与解决的难题。在大数据时代，学生信息的及时捕捉与快速分析使海量的学生数据能够得到迅速有效的处理，并从中提取有关联的学生数据，形成学生"个人日志"，还可发现有异常动向的学生，为教育者做出预警，便于教育者利用通信工具、走访宿舍等方式对有思想波动的学生进行疏导，帮助学生解决学习、生活上遇到的难题，引导他们乐观面对生活，树立正确的价值观，尽最大努力减少校园悲剧事件发生。同时也让学生体验到学校大家庭的温暖，好让他们安心在校学习和生活。

（五）大数据有利于促进教育工作评价的实效性

评价是主体对客体是否达到某一属性的判定，因而对教育工作的评价是为了确保党与国家制定的教育目标在高校得以实现，也是衡量教育工作质量优劣的一把标尺。教育工作涉及的要素众多以及评价对象存在的差异性加大了评价主体的工作量，也影响了评价的及时性，进而影响了评价的效用性。幸而，在大数据浪潮下，信息的数据化使评价主体可以对各评价指标数据进行快速搜集与精确分析，以便进行客观评价，也减轻了评价主体的工作量。同时有助于动态调整相关因子，优化评价体系，从而提升评价的效率。另外，评价教育工作质量为的是促成"立德树人"这一教育目标在高校的落实。现今借助远程数据采集技术与远程视频对话技术，教育主管部门可以及时对教育工作的成效进行掌握与评定，快速解决出现的状况，适时调整与出台有关政策，以确保"立德树人"教育目标在高校的贯彻，从而不断推进教育工作适应国家及高校的发展需求，同时满足学生的多样化需求。

三、支持智慧校园建设

数据是智慧校园建设的基础要素之一。智慧校园建设得到数据挖掘和建模技术的支持，可以对各种类型校园数据进行分类和筛选，梳理数据系统业务模块，增加数据清晰度，让校园数据用户可以快速获取信息，让高校师生在开放式的智能环境中获取数据支持，并且可以享受到个性化的师生服务。数据在智慧校园建设中的价值具体表现为以下几点。

（一）数据技术先进

智慧校园是实现物理空间与数字空间的融合，以大数据技术为核心，建设个性化交互的智慧化平台，同时开展高校各项业务的智慧应用。智慧校园的构建中涉及的技术非常多，如大数据技术、云计算技术、物联网、移动互联与智能感知技术，以及商务智能、知识管理、社交网络等技术。智慧校园的"智慧"体现在传感器的应用，建设智能感知的校园物理环境，把校园物理环境和数字空间衔接起来，随时随地感知、捕获和传递师生的行为数据等方面。高校管理者可以动态采集这些数据，根据数据分析报告辅助决策。

（二）数据素养培养

高校在智慧校园建设过程中应注重培养各类数据用户的数据素养，培养他们使用信息技术能力。高校师生可以对数据、信息、规则等内容做出快速判断，并且可以合理合规地操作数据。智慧校园不仅要实现整体管理效率的提升，还要通过智慧教育的实现来培养人的创新能力和发现、挖掘数据价值的能力。

（三）数据共享流通

智慧校园的理想状态是校内外数据合理流通，把分散的数据资源整合起来。校园不是一个数据封闭的组织，而是能够与外界环境进行联动、共同分享数据的组织。数据用户各自获得有价值的数据进行整合，根据实际需求提供有针对性的数据服务。

（四）数据服务融合

智慧校园建设以为师生提供智能服务为目标，以人为中心，以提升个性服务水平为要求，在各种智能技术充分整合的条件下帮助师生在校园内获得更好的教育体验。智慧校园借助丰富的数据资源和先进的数据技术使教学与学习更加智能化，具体表现在教学内容的智慧聚合、教学模式的智能推荐、教师教学能力的智能训练、学习情境的自动识别、学习设备的智能借阅、学习成长的数字化记录等各类资源环境的智能化拓展上。学习智能化表现在学生学习时间、环境的拓展上，学生的学习从课堂延展到课下，学习空间拓展了，在课堂上学习的知识可以在真实情境或者虚拟情境中得到实践。

智慧校园建设内容覆盖面广，无论是进行全面数据采集、数据交互、数据画像解构、数据系统设计还是提高数据用户的数据素养，都离不开最基础的数据。数据存在于智慧校园建设的每一个角落，数据是师生生活、学习情况的重要反映元素，智慧校园需要考虑如何进行数据治理，数据治理的成效反过来又可以推动学校的智慧化进程。

四、提升教育资源的共享性

（一）丰富资源共享的内容

大数据技术具有收集、储存海量数据的功能。通过大数据技术与互联网之间的耦合，能有效联合校内外、课堂内外、线上线下的数据教育资源，丰富高校思想政治教育资源共享的内容。同时，网络、人工智能等新兴技术的引入拓展了教育空间，革新了教学模式，提供了共享平台。此外，高校思想政治教育联动机制系统内的内容联动、主体联动等子系统的高效运行都离不开教育资源的共享。

（二）提高资源共享的速度

大数据技术的特征之一就是数据处理速度快。大数据技术的引入能够提高教育相关数据的处理速度，加快这些数据在各类教育主体之间的共享速度。主体联动机制的构建清除了高校教育主体之间的交流屏障，内容联动机制的构建为高校之间教育资源的共享创造条件。

（三）提升资源共享的价值

大数据技术使不同国家、不同地区、不同高校的教育资源的整合、联动、共享成为可能。大数据具有关联性分析、预测的功能，通过对学生日常生活和学习的相关数据进行关联分析，能够预测学生未来的思想变化方向和学习偏好，以此作为配置教育资源的重要依据。资源联动机制的构建为资源的共享提供了保障机制。构建资源联动机制有利于提升高校教育资源配置的科学性和合理性，为提高资源共享的价值提供了无限可能。

五、增强教育理念的协同性

教育理念是对教育目的、原则、本质、任务、规律等内容的一般性概括和整体性审视。教育要创新发展，理念革新是头等大事。

（一）以"课程"促"协同"

高校思想政治教育的课程教学不应局限于思想政治教育理论课之中，还应落实到每一门专业课课程之中。基于教育内容的新变化规划符合时代要求的课程内容，实现课程内容的全方位协调联动，促成教育合力，提高教育理念的协同性。

（二）以"共性"促"协同"

高校思想政治教育系统涉及面广，系统中的各个主体有自己"和而不同"的目标导向，目标不同就可能导致各主体"各自为政"的混乱局面，成为实现协同育人目标的"绊脚石"。构建主体联动机制就是要寻找共性，促成合力，开创协同育人新局面。

（三）以"机制"促"协同"

联动机制涉及要素、机理、运作、保障、动力等方面的内容，机制的构建以"三全育人"格局的形成为目标，与高校思想政治教育理念相契合。在联动机制中，四要素、四大机制之间的互相配合、相互协同提升了高校思想政治教育的协同性。

六、突出教育方式的创新性

科学技术是创新发展的重要引擎，大数据为高校思想政治教育革新提供了指引。

（一）提供了新载体

首先，改变了教师单方面主导课堂的局面。传统教育方法是单向的、灌输式的，这种教育方式虽然可以促进学生对知识的掌握，但不利于调动学生的主体性。大数据技术打破了高校思想政治传统教育方式的桎梏，为教师转变教育方式提供了契机。教师运用大数据技术收集、整理学生学习、生活中方方面面的数据，准确把握学生的思想动态和学习偏好，改变以往的教育方式，进行有针对性的教学。

其次，大数据技术给学习带来了便利。大数据时代，学生通过网络汲取自身学习所需。层出不穷的学习软件、日新月异的学习数据，革新了学习方式，促进了高校思想政治教育方式的创新。

最后，大数据的运用丰富了高校思想政治教育网络教学的方式。大数据技术日益发达，翻转课堂、慕课、云班课等教育平台不断涌现，延伸了教育空间，提高了学习热情，提升了育人实效。

（二）延长了时效性

教育方式是否有效取决于对学生思想动态的把握程度。多个主体、多个领域、多个环节就意味着所涉及教育数据的庞大、繁杂。以往的数据收集、储存、分析意味着大量人力、物力、财力的投入，意味着漫长的时间投入，这就导致了高校思想政治教育忽视数据重要性的现状。大数据技术的出现彻底改变了这一现状。通过大数据挖掘，学校可以及时地收集学生学习、生活等方面的信息，准确把握学生的思想动态。透过这些及时收集的数据，找到高校思想政治教育现存教学方式不能满足学生学习需求的"症结"何在，然后"对症下药"，按需供应。

（三）提供了新思路

第四次产业革命以云计算和人工智能为标志。第四次产业革命已经影响了许多领域，整个社会越来越智能化、自动化、数字化。以互联网、云计算、大数据、物联网、人工智能等为代表的信息技术在教育领域中的应用越来越广泛，教育业务开始智能化、自动化和数字化。信息技术在教育领域的应用能够提高教育的效率，降低教育投入的成本，取得更好的教学效果。智能教育给高校思想政治教育方式的创新提供了新启示。大数据技术的广泛应用是实现智能教育的必然选择。高校思想政治教育联动机制正是在大数据的指引下进行的一种思想政治教育方式的创新。高校思想政治教育联动机制正是基于大数据技术在教学、学习、管理、服务方面的强大功能而构建的。

七、帮助教育管理科学化

（一）有利于给予教育管理工作科学化的指导

我国的教育管理工作在一定程度上缺乏科学化的指导，尽管建立起了相对比较完善的管理机制，但对学生心理行为的了解仍显不足。人类是拥有自由意志的，可以按照自己的想法做出相应的行动，由于人类思维的隐秘性，人类的行为是无法被准确预测的。但是，当行为的主体由个人转变成群体之后，其行为也实现了由不可预测向可预测的转变，借助教育大数据技术能够通过分析海量数据进而建立起一个比较完善的人物模型，并将其统合到大数据当中去，可以有效预测学生群体行为的发生。

（二）有利于实现教育资源的优化配置

在传统的教育管理工作中，由于不能够精确预测教学活动所需要的资源的数目和类别，往往产生某一教学活动教育资源过多或过少的现象，不仅造成严重的教育资源浪费或欠缺，也使得教育资源成为限制教学活动顺利开展的枷锁。而在教育大数据应用之后，教育管理工作者可以对教学活动所需求的教育资源进行更加准确的预算，从而实现教育资源的优化配置，使每一份教育资源都能够在最大程度上发挥出作用。

（三）有利于学生的个性化培养

在传统教育管理模式当中，学生的个性发展不足、创新能力不足，不能够很好地适应社会工作的需要。而在教育大数据应用之后，我们可以有足够的计算量对每一个学生的行为进行十分细致的分析，根据每一个学生的性格特点和学习能力设计出最合适的个性化成长方案。

（四）有利于教师了解学生对知识的掌握程度

教师在传统的教学活动中通常会面临这样一个困境，由于教师从业多年，对教学内容已经了如指掌，并不存在重点难点之类的区别，所有的知识内容在教师面前都是扁平状的，都没有太难以理解的地方，这就导致部分教师认识不到学生会在哪部分教学内容上遇到困难，只能依靠教学经验对学生在学习中的重点难点进行大致的猜想，但这使得教学内容设计和学生学习的真实需要之间存在一些误差，不仅造成学生学习时间的浪费，而且也使得教师一番苦心毫无用武之地。而当教育大数据应用之后，教师可以通过对学生在考试过程中的失分情况进行大数据统计与分析，进而得知学生知识体系当中的薄弱环节，从而有针对性地规划教学内容，使下一阶段的教学活动能够更加贴合学生的学习需要。

第四章　大数据时代思想政治教育
创新的理论述说

理论基础和思想资源作为某一研究或学科的基石，不仅有利于为该研究或学科提供坚实的理论支撑和思想借鉴，而且有利于促进本学科与其他学科的交叉融合，实现科学研究的持续性与创新性发展。对马克思主义相关理论的梳理有助于推进大数据更加有理、有力地融入高校思想政治教育。本章分为大数据时代思想政治教育创新概说、大数据时代思想政治教育创新的理论基础、大数据时代思想政治教育创新契机、大数据时代思想政治教育创新存在的问题与归因四部分。

第一节　大数据时代思想政治教育创新概说

一、大数据时代思想政治教育创新的概念

关于高校思想政治教育创新的概念，有学者从发展的视角进行界定，认为无论何种变革，都是致力于推动高校思想政治教育的发展，致力于社会和个人的发展。离开发展谈创新，将会使创新失去其自身价值和内在生命力。所以，从这个意义上来讲，高校思想政治教育创新就是在适应社会发展需要和人的需要的基础上，变革高校思想政治教育的观念、内容、方式等各个要素。这种观点将高校思想政治教育创新的概念内涵等同于发展。有学者从时代需求的视角入手，将高校思想政治教育创新界定为解决面临的新课题的与时俱进的过程。还有学者认为，高校思想政治教育创新是以完善和发展人为目标的多方面开拓的过程。"以人为本"是思想政治教育的根本原则，但"以人为本"并不能体现高校思想政治教育创新的特殊性，它是所有学科的共同课题。由此可见，对于高校思想政治教育创新概念的界定，虽然不同的学者从不同的角度加以界定，且都有其界定的依据和道理，但总体来讲，还需进一步深化研究。高校思想政治教育创新应当涵盖和考

虑三个方面：一是不能脱离创新的本质；二是要体现思想政治教育的特点；三是要立足高校这一特殊场域。对高校思想政治教育创新的界定是在这三者有机统一的基础上的科学阐释。由此，高校思想政治教育创新就是高校思想政治教育工作者在实践中扬弃旧的观念、旧的方式方法、旧的评价模式等，把新的思维理念、新的工具方法转化为具有思想政治教育价值的理论和实践，能动地进行创造、改革并最终获得更好的思想政治教育效果的综合过程。其中，创新主体、创新客体、创新中介是创新的三大要素。

由此可知，大数据时代高校思想政治教育创新是将大数据作为一种新的中介事物，将其融入高校思想政治教育的过程。而大数据的本质是新资源、新技术和新理念的混合体，在大数据时代高校思想政治教育创新这一实践过程中，创新主体是高校思想政治教育，创新客体是大数据，而连接两者的中介则是大数据资源、大数据技术以及大数据理念。归根结底，大数据时代高校思想政治教育创新是高校思想政治教育对大数据资源科学运用、对大数据技术充分挖掘、对大数据理念充分融入的过程。

二、大数据时代思想政治教育创新的范畴

（一）思想政治教育的思维和理念发生了转变

技术的变化与发展往往首先带来思路与理念上的变革，大数据时代的到来不仅使人感受到了海量数据信息的冲击，还对思想政治教育工作者的思维和理念产生了不可忽视的影响。高校思想政治教育工作者开始树立大数据意识，主动了解和认识大数据，改变了以往传统教学的思维方式，探索出一套新的研究思路与研究方法，为思想政治教育工作的开展提供了理念支撑。

第一，思想政治教育工作者的数据意识明显增强。随着大数据时代的到来，依托大数据技术的资源数据库、数据分析管理平台等在高校建立，大数据采集、挖掘以及分析技术使大数据在教育领域的作用逐渐凸显，人们逐渐认识到大数据将改变高校教育的工作现状，大数据在教育中的运用也慢慢由"探索"阶段发展到"发展"阶段。

第二，思想政治教育工作者的思维方式发生了转变。与过去的思想政治教育工作者相比，大数据时代下的思想政治教育工作者的思维方式发生了变化，数据的关联思维取代了因果思维，模糊思维取代了精确性思维，整体思维取代了样本思维。在小数据时代，事物之间存在更多的是因果关系特征，事物之间的关系较

为简单。而到了大数据时代，各种数据之间发生了关联关系，数据的量大、复杂性强的特征也明显地体现出来，摆在人们面前呈爆炸式增长的信息或许需要人们不再追求精确度，纵横交错的复杂信息呈现更多的是关于事物的整体发展方向，这些变化都要求人们转变以往的思维方式，树立数据关联思维，用整体性的眼光和模糊性的处理方式来对待纷繁复杂的数据信息。

（二）思想政治教育的内容与空间得到拓展

依托互联网、传感器等智能设备，广泛采集、挖掘、分析与思想政治教育相关的数据信息，使思想政治教育的信息资源朝着数据化、信息化及智能化的方向发展，为高校思想政治教育带来了丰富的知识信息资源，拓展了高校思想政治教育的内容与空间。

第一，大数据时代高校思想政治教育的资源更加丰富。随着大数据技术在思想政治教育过程中的应用，思想政治教育的内容和资源也得到了扩充。大数据不仅激活和挖掘了自身系统内部的知识信息资源，而且不断地将系统外部的资源进行转化和运用。传统教学对数据资源的收集十分有限，知识内容局限于书本知识和课堂上教师的讲解，学生获取信息资源的途径也较少，往往通过报纸、图书、广播、电视等途径获取少量的新闻资讯。在大数据时代，思想政治教育的内容及形式呈现多样性的特征，不仅包括传统媒介带来的学习资源，还包括各种网络学习资源。而且，资源的呈现形式也更加多样化，不仅以文字的形式出现，同时以图片、视频、音频等各种形式呈现出来，为高校学生带来了更加丰富多样的学习资源。

第二，大数据时代高校思想政治教育的空间得到了拓展和延伸。在大数据时代，我国高校思想政治教育的空间结构正在发生很大的变化，大数据技术能够挖掘校内和校外的有效资源，在开展校内思想政治教育实践活动的同时，还能够实现与家庭、社会等外部空间的有效连接，充分挖掘学生全方面的数据信息，做到了一心一意为学生服务，实现了高校思想政治教育与学生的日常生活、网络虚拟空间及社会之间的连接与互动。大数据对个体、学校、课程、社会、网络以及国家层面进行搜集与分析，对不同领域、不同行业、不同时间和空间的资源进行全面整合，打破了时空限制，推动了全球范围内的资源共享。

（三）思想政治教育的载体和途径实现了创新

传统的高校思想政治教育由于技术条件的限制，主要以课堂教育为主，通过教师讲授、课堂交流及课外实践活动等形式进行。传统的思想政治教育的载体和途径较为单一，缺乏创新性和灵活性，不能满足学生的发展需求。在大数据时代，新的教学方法和手段不断地被开发和应用，提高了思想政治教育的工作实效性。

第一，大数据时代高校思想政治教育的载体得到更新。随着大数据时代的到来，高校思想政治教育的内容和形式发生了很大的变化，同时也对思想政治教育的载体和教学方式提出了更高的要求，使其朝着多样化和创新性的方向转变。

第二，大数据时代的到来拓展了高校思想政治教育工作者的工作平台。微信、微博、QQ 等互联网社交媒体为大学生思想政治教育提供了新的教学方式，虚拟教室、网络互动课堂为思想政治教育提供了新的教学场所，打破了时空的限制，进一步丰富了教育形式。

三、大数据时代思想政治教育创新的原则

（一）教育主体实现主体性与主导性相统一

主体性是思想政治教育工作者、受教育者和教育活动的主体性的总称。主导性相对多样性而言，指流动性和指向性。实现主体性和主导性相统一，即在坚持思想政治教育的主体性的前提下，巩固社会主义意识形态的领导地位。同时，在坚持主导性的原则下，保证思想政治教育工作者的主体地位。

一方面，思想政治教育工作者要提高教育服务意识，保证自身的主体地位。在传统思想政治教育教学中，教师是主导者，主要关注课程学习进度、教学目标任务、教学评估效果等，对学生个体的差异关注较少。而且在教学中，教师常常循规蹈矩利用自己过去的经验来展开教学，导致较难达到预期的教学目标。事实上，教育主体能力和方式方法的局限，学生受家庭、社会等环境和受思想、经济、文化等因素的影响，合力导致了学生的个体差异。在大数据时代，思想政治教育工作者能充分得到软硬件的支持，收集和分析学生的所有数据，更有权威性和科学性。思想政治教育工作者可以对大数据进行个性化、差异化分析，深入挖掘数据所传达的真实信息，准确掌握学生的思想动态、情感态度、行为特征，从而制订个性化教学方案，最大限度地将思想政治教育的理论知识和实践教学渗透到学生的各个学习阶段及其发展的整个过程中。

另一方面，思想政治教育工作者在坚持主导性的同时，也应保障受教育者自主学习的权利。在传统思想政治教育教学中，学生往往是被动接受教育，而且能

接触到的知识都是教师传授的内容。学生受到传播渠道和学习观念的限制，未过多了解和扩展自己的知识面。但在大数据时代，发达的网络技术、普及的设施终端、丰富的功能软件，拓宽了学生的学习渠道并增强了其自主学习的兴趣，大大激发了学生学习的主动性，其还能充分利用碎片时间来获取知识。大数据时代的思想政治教育能保障学生学习的自主权，教师的角色转变为与学生平等交流的对话者，营造了温馨和谐的教学氛围。

（二）教育内容实现文本范式与数据范式相统一

传统的思想政治教育作为教育者获取和收集受教育者信息的重要途径和渠道，主要是通过课前注册登记、课堂表现、课后反馈以及教学评价等，但通过这些途径和手段了解到的信息往往是局部的、表面的，甚至可能是不真实的，导致受教育者的思想动态无法被完全掌握，给教学活动的开展带来了挑战。大数据技术的广泛运用强化了教育者对受教育者的理解，丰富了教育教学的内容和方法。大数据的特点除了数据信息量大外，还有就是数据信息的重复再现，比如受教育者的出勤率、学业成绩、图书借阅情况、网络行为等信息的重复再现，这些多次出现的数据可以反映受教育者的思想素质和行为动态，蕴含着巨大的价值。当下，教育者需要挖掘这些数据背后真实有效的价值，而不是简单地把收集的大量数据毫无规律地罗列出来，使这些信息能在教育教学的过程中成为打开学生内心的钥匙。微博、微信和 QQ 等社交软件，抖音、快手和 B 站等热门视频软件正在逐步影响着学生的日常生活，他们关注社交新闻、舆论热点、时尚潮流等，并在社交平台上发表自己的观点、表明自己的立场、倾诉自己的情感。学生使用社交软件的定位地点、网页信息的浏览喜好、点赞评论转发的操作内容等，大数据可以通过重复再现，总结出学生个体和整体的学习时间、学习内容、学习兴趣等。数据信息与思想政治教育的有机结合实现了内容交叉验证的功能，教育者可以通过收集和处理数据来统计学生的出勤频率、学业成绩、知识掌握程度、学习时间、学习效率、学习兴趣等，将这些内容结合起来综合分析和评价学生的学习情况，从而丰富教学内容，科学优化学生评估的各项指标。总之，高校思想政治教育工作者可以利用学生的网络行为习惯、浏览内容、态度立场、评价内容、学习兴趣爱好等多维、全面、有效的大数据信息来真正了解学生的思想动态，及时开展有针对性、有目的性、有实效性的思想政治教育。

（三）教育方式实现灌输范式与互动范式相统一

传统的高校思想政治教育主要是利用思想政治理论课、专家讲座、学术会议等形式来进行的，以往高校的思想政治理论课上，教育者具有主导话语权，决定着课堂的整体节奏和授课内容。而大数据时代更新和突破了这种长期说教讲理的方式，教育者可以更加开放地教授知识，学生也可以更加自由地获取知识和信息，与教师进行交流，得到实时反馈，使教育方式实现灌输范式与互动范式相统一。

在当前的高校思想政治教育中，教育者大多采用理论灌输法来向受教育者传授思想政治教学内容。按照思想政治教育学中的定义，"灌输"指的是教育宣传、影响熏陶，着重强调用理论征服人，并通过启发的方法将思想理论道理讲清楚、讲透彻，让理论为受教育者所掌握。作为思想政治教育过程中一个重要的基础性理论，理论灌输法贯穿高校思想政治教育的各个教育阶段和各个教学环节，引导大学生坚定正确的政治立场，筑牢社会主义理想信念。但新时期下的理论灌输法在其内涵上不能墨守成规，而是应该与时俱进，不能一味地进行思想上的灌输，而是要具有意识上的先进性。

互动式教学法有利于培养大学生的发散性思维、启发性思维。在高校实际教学中，思想政治教育工作者可以结合自我教育、实践锻炼、互动教育等方式来提高教学质量。思想政治教育工作者可以通过丰富教育内容与途径，创新教育形式和实践活动，充分调动大学生的积极主动性，使学生在潜移默化中接受教育。在大数据时代，高校思想政治教育应该跟上网络发展的脚步，发挥互动式教学法的优势。

四、大数据时代思想政治教育创新的特征

除了具有目的性、价值性、风险性等创新的一般特征以外，大数据时代思想政治教育创新又呈现出一系列新的特征。

（一）高度融合

高度融合是大数据时代高校思想政治教育创新的根本特征，"融"有调和、和谐、融洽、融会贯通之意，意为关系双方融为一体的一种状态。高度融合蕴含着高校思想政治教育对大数据运用的一种充分状态，不仅对大数据技术加以运用，还要将大数据思维理念融合于高校思想政治教育中，积极发展大数据技术，建设大数据基础设施等来配合高校思想政治教育的现实需求，为大数据的运用提供充分的物质保障、制度保障以及人才保障等前提条件。当下，大数据的主要应用领

域在于互联网、金融、医疗以及公共服务等方面，在解决高校思想政治教育相关问题上仍然应用乏力。虽然当前学界对高校思想政治教育运用大数据创新进行了理论论证和实践构想，不断地呼吁高校思想政治教育运用大数据进行创新，但往往呈现出"理念先行，实践滞后"的局面。究其原因在于支撑高校思想政治教育创新的数据资源不充分、技术平台不健全、大数据基础设施不完善等，即创新的物质基础和前提不完备。对高校思想政治教育而言，大数据是一项复杂的信息技术，也是一种全新的思维理念。因而，运用大数据进行高校思想政治教育的创新，绝不是一件简单的事情，需要高校思想政治教育工作者对大数据进行全面的理解、积极的运用、充分的融合。所以，高度融合是大数据背景下高校思想政治教育创新的重要特征。

（二）主体性强

要想实现大数据与高校思想政治教育的高度融合，就离不开高校思想政治教育工作者及受教育者主体性的发挥。他们的主体性发挥得越好，就越有助于创新实践的开展。在将大数据运用于高校思想政治教育创新中时，要有强大的技术能力做支撑和完善的规章制度做保障，只有充分发挥高校思想政治教育工作者的主体能动性，才能更好地理解和驾驭大数据。对于高校思想政治教育，管理层应当制定相关政策，提供大数据的环境和制度支持。执行层应当积极寻求渠道，提高自身的数据素养和掌握大数据的相关技能。对思想政治教育对象而言，则应当积极改变传统的学习及交往模式，主动贡献更多的数据。例如，学生可以在在线学习中提出更多的问题和需求，以便于思想政治教育工作者接收更多的信息，推动教育方式向着更为科学合理的方向改进。由此看来，主体性强的特征也是大数据背景下高校思想政治教育创新的特征之一。

（三）求实性

大数据时代高校思想政治教育创新的求实性特征是由大数据的本质所决定的。大数据是对事物发展动态及状况的真实体现和客观反映，本身就蕴含着实事求是的特点。高校思想政治教育在融合大数据创新时，也应具备"深入实际、注重实用、讲求实效、顺势而为"的求实性特征。首先是深入实际。在进行高校思想政治教育创新时，要找出其在大数据背景下实效性不足的症结所在，并找准大数据和高校思想政治教育的价值契合点，这样才能有的放矢地发挥大数据的作用。其次是注重实用。当前，仍有很多人对高校思想政治教育存在着认知上的偏见，认为高校思想政治教育就是"虚"字当头、"空"字挂帅，场面上轰轰烈烈，实际上空空洞洞的形式主义说教，并没有什么实际用处。这种偏见也是思想政治教育学科不自信的原因之一。要想扭转这种偏见，就需要强化高校思想政治教育的实用性，通过对现实生活中产生的客观数据的分析来进行思想政治教育，以此强化其实践指向性。再次是讲求实效。如何提升实效性是高校思想政治教育一直面临的问题，所以，在进行大数据时代高校思想政治教育创新理论研究的同时，要注重实践创新的跟进，以密切观察理论创新的成果能否推进思想政治教育实际目标的达成。最后是顺势而为。要根据不断变化的实际来进行适时的调整，做到顺势而为。高校思想政治教育的对象——大学生具有强烈的主体意识，其情感意识、观念行为的变化会受到多重因素的影响，虽然大数据技术能够收集他们海量的行为数据，但大数据价值密度低，在运用大数据技术进行行为分析的同时，还要根据实际情况做出及时的调整。

第二节　大数据时代思想政治教育创新的理论基础

一、马克思主义关于人的全面发展理论

（一）人的全面发展理论的主要内容

我们所需要的时代新人是全面发展的人，人的全面发展根本上来说是指人全面自由地发展，包括个人需要、个人能力和人的社会关系等方面的发展。首先，人的需要是前提和动力。人是历史创造的主体，维持生存是创造历史的前提，人类的衣食住行的自然需要是维持生存的重要前提。人最基本的需要得到满足之后，人的需要会从物质层面上升到精神层面，进而衍生出人类专有的、区别于动物的社会需要。社会需要指的是生产过程中所产生的情感、政治、经济等方面的需要，是自我实现与发展等精神层面的需要。马克思把人的需要分为了生存、享受和发展三个阶段。需要是人的本性，人的全面发展要保证人的需要得到满足。其次，提升人的能力是最重要的方面。人的个人劳动能力包括两个方面，其中体力能力是人生存和发展的基础，智力能力是社会进步的保障。人的物质活动和精神活动是同步进行的，社会越发展，对人的个人能力的要求就越高，人的个人能力发展就显得更加重要。再次，人的社会关系的全面发展是具体表现。个人与社会的联系是十分密切的，社会的发展能够对个人起到促进或限制作用，同样个人的发展也会对社会起到或多或少的反作用。因此，个人应该扩大交流，消除民族与区域

之间的隔阂，突破狭隘的社会关系，扩展人与人之间的联系，吸收他人的有益经验，不断完善自身。最后，实现人个性的自由发展是最终目的。马克思认为，人是一个特殊的个体，是一个现实的、单个的社会存在物。个体在进行自主选择时，要学会运用外在的条件实现自身能力的最大化，激发个人潜能，发挥个性所长，使个人优势得到充分发挥。

马克思主义关于人的全面发展理论区别于以往任何的空想主义学说，是立足于唯物史观和剩余价值学说两大理论基础，基于现实的社会与"具体的人"所提出的科学理论，具有实现的、具体的、实践的本质规定性。

1. 人的生理层面的全面发展

生命属性是人的第一层属性，也是人最基本的属性。正如马克思所说的那样："全部人类历史的第一个前提无疑是有生命的个人的存在。"因而，满足人衣食住行最基本的生理欲望，是实现人全面发展的首要前提和基础。人只有进行物质生产劳动，满足最低层次的生理需要，才能在政治、文化、科技、宗教、哲学等领域追求更高层次的需要。

2. 人的劳动能力的全面发展

人具有主观能动性，能够在社会生产实践中不断总结经验、强化本领，提升由体力、脑力组合而成的劳动能力。劳动作为人改造自然界的主要方式，其能力的强化和发展是人类打破旧的社会分工、自由选择职业的重要条件，也是推动个人全方位发展的必然选择。

3. 人的社会关系的全面发展

人是各种社会关系的集合体，人与人的交往实际上就是社会关系的交织互动。当阶级消灭、国家消亡，地域、民族的界限与壁垒消失殆尽，人才能摆脱各种社会关系的羁绊。

4. 人的自由个性的全面发展

随着生产力的进步发展，人不再是片面的、异化的、孤立的个体，而是逐渐冲破虚幻共同体的束缚，走向自由人的联合体。在真正的共同体中，每个人都能彰显独特的个性、充分发挥才智、自由选择职业，寻求自身价值与获得自我实现。

人的全面发展理论是关于人的发展问题的真知灼见，不仅科学洞悉了人全面发展的客观规律与必经轨迹，勾勒出自由人联合体的美好愿景与宏伟蓝图，而且为人类应该如何实现人的自由全面发展指明了前进方向与道路。思想政治教育工作本质上就是做人的工作。在大数据时代，利用现代化信息技术提升高校思想政治教育工作的精准性，一方面就是要挖掘个体的发展潜能，探寻个体的真实需求，洞悉人的发展规律，满足人的个性化发展，促进人的全面发展；另一方面就是要打破时间和空间的限制，实时追踪个体发展动态，及时反馈个体发展信息，科学统筹线上与线下空间，实现时间和空间的多维度组合，进而拓展人自由发展的时间和空间。归根结底，大数据时代高校思想政治教育工作精准化变革，是对马克思主义关于人的全面发展理论的创新性运用，其目的和落脚点在于促进个体的自由全面发展。

（二）对高校思想政治教育创新运用大数据的启示

1. 关注人的需要对高校思想政治教育运用大数据的启示

提升教育工作的实效性要做到以学生为本，满足学生不同的成长发展需要。在当代信息社会，高校思想政治教育工作者应通过分析学生在 QQ、微信、微博等媒体平台上的数据信息，洞察学生的内心需求；根据学生的需要，进行教学资源的分配；根据学生的兴趣、喜好制订教学方案，使学生都能够得到全面的教育，成为社会各行各业所需要的人才；运用互联网上海量的数据资源，更加关注学生的个人需要，使学生实现自身的全面发展。

2. 提升人的能力对高校思想政治教育运用大数据的启示

人的能力能否得到有效的提升与社会的客观条件有着密切的联系。在当今较为宽松的社会环境中，限制人自由发展的客观因素较少，个人能够自由地选择各种渠道提升自身的能力。大数据的运用引领着传统教育逐步向信息化教育和智慧校园的方向迈进，学生能够通过开放式课程资源获取自身感兴趣的知识，进行自主学习，从而提升自身的能力。数据资源的高度共享在一定程度上降低了教育资源的不平衡性，每一位积极进取的学生都能够在海量的数据资源中获取自己需要的知识，提升自身的能力。

3. 发展人的社会关系对高校思想政治教育运用大数据的启示

随着社会的进步，个人逐渐参与到各种社会交往中，同其他人进行交流联系。在交往中，个人不断更新着自身的思想观念，不断丰富、充实和发展着自己。在教育活动中，数据交流平台为师生打开了一扇沟通的大门，拓宽了师生的交往渠道。数据信息的及时传递能够帮助教师掌握学生的动态，使教师与学生及时进行沟通与交流。由此师生之间的关系更为紧密，提升了交往效率，降低了交往成本，也使教师少了些威严，多了些亲切和善。互联网的应用和数据信息技术的发展使人们不断克服外在条件的限制，打破以往的交往模式，创造出更加符合自己活动和发展的社会关系。

4.人的个性自由发展对高校思想政治教育运用大数据的启示

推进教育工作的科学化，促进学生个性的自由发展，需要建立一套完备的评价体系。在传统的以考试成绩为主的评价体系与促进学生的个性发展不相适应的情况下，要充分运用大数据技术，对学生的知识与能力、情感态度与价值观进行多维度评价。思想政治教育工作者需要建立学生个性化评价体系，为不同学生个体提供其所需要的学习资源，进而促进学生个性的自由发展，提高思想政治教育的针对性。

二、马克思主义科学技术观

（一）马克思主义科学技术观的主要内容

马克思主义科学技术观的主要内容包括四个方面：第一，关于科学的本质及其特征。马克思认为，科学是实验产生的，体现着人和自然界的理论关系，具有实证性、客观性、可重复性等特征，是应用于生产，被资本用作致富的手段。第二，关于技术的本质和特征。马克思认为，技术体现着人在社会生活中的实践关系，延长了人的肢体，是人认识的基础、实践的中介和现实的生产力。技术具有中介性、实践性、目的性等特征。第三，关于科学与技术的关系。马克思认为，科学和技术是统一的，即都是人的本质力量的对象化；技术是物化的科学，是科学的一种特定形态。第四，科学技术与社会的关系。马克思认为，科技的进步会极大地促进社会的发展，每一次科技上的创新都在很大程度上使社会生产及生产方式发生深刻的变化。科技创新还使得生产自动化程度不断提高，智能化的劳动代替之前的简单劳动，同时也为人们的社会生活方式以及思维方式带来巨大的影响。正是科学技术的发展使得人成为自由主体，拥有更多自由的时间来丰富发展自身的能力，给予了人全面发展的物质基础。

科学技术对社会发展的积极影响具体来说表现在以下三个方面。

首先，科学技术推动生产方式变革。第一，科学技术的发展推动了生产工具的变革，使人们从石器时代进入青铜器时代，通过机器化生产来降低劳动成本、提升劳动效率。第二，科学技术的发展推动了劳动者科学文化素质的提高。科学技术的发展是推动人类从依赖集体力量生存、主要靠打猎捕鱼为生的原始文明到自己制作生存工具的农业文明到以工业化为主、机械化大生产占主导地位的工业文明再到如今信息文明的重要因素。

其次，科学技术是社会经济不断发展的推动力。科学技术的发展推动了产业结构的改变与发展。社会产业结构从最原始的以农业发展为主的手工劳动发展为以机器生产为主的工业劳动，形成了第一次工业革命，人们开始进入"蒸汽时代"，标志着农耕文明向工业文明的过渡；到第二次工业革命，人们进入了"电气时代"，推动了电力、钢铁、化工等重工业的兴起；到第三次工业革命，人们进入了"信息时代"，世界政治经济格局进一步确立，人类文明发展迅速；到第四次工业革命，人们进入了"绿色工业革命时代"，科学技术使人类发展与自然环境和谐共存。人类经过了近三百年的不断发展，目前经历了四次工业革命，从农耕时代到如今的绿色工业革命时代都离不开科学技术，所以说科学技术推动了社会经济的发展。

最后，科学技术改变了人们的生活方式，如教育方式、娱乐方式、沟通方式、消费方式等。其中，科学技术改变教育方式体现在三个方面：第一，科学技术改变了教育工具，从传统的"黑板式"教学发展为信息化教学、PPT课件教学等多元化教学。第二，科学技术推动了教学模式的变革，从传统的面对面授课的教学模式转变为以慕课、翻转课堂等为主的多种教育模式。第三，科学技术促进了学校形态的改变。科学技术将打破传统学校教育结构，重塑学校形态，建立新型学习中心，也就是说，未来的学校将会成为一个学习共同体，它将由一个个网络学习中心和一个个实体组成。

（二）对高校思想政治教育创新运用大数据的启示

高校思想政治教育工作者应具备大数据意识和应用大数据的能力，善于将现代化教育手段应用到教学活动中，并根据时代的发展不断进行创新，使高校思想政治教育工作更加科学和具体。首先，要注重传统教育载体的更新，在以课堂教育为基础的前提下，拓展开设社会实践载体、管理服务载体等设施建设，达到对学生多方位的培养。其次，要不断拓宽教育渠道，运用慕课、论坛、微博等网络发展的最新成果，促进思想政治教育内容的多样化、教育手段的创新和教育方式的转型。同时，高校思想政治教育工作者应该具备运用大数据的知识与能力，将自身的学科理论与大数据技术进行有机融合，在工作中实现思想政治教育的数据化，增进高校思想政治教育的科学性。

三、唯物辩证法

（一）唯物辩证法的主要内容

1. 联系的观点

联系的观点是根本的观点，科学的任务就是揭示事物的普遍联系。在科学的历史上，出现过许多把原本看起来毫不相关的事物进行联系，从而出现了新的科学成果的现象。自然科学和社会科学领域中综合性和边缘性学科的出现，反映出物质世界的普遍联系在人们认识、探索的过程中不断深化。

2. 矛盾的观点

矛盾是反映事物内部和事物之间对立统一关系的哲学范畴。对立面是构成矛盾关系的几个成分，可以是不同的事物，也可以是同一事物的不同属性、部分和因素。对立面的矛盾关系，既是对立的又是统一的。

3. 否定之否定规律

否定之否定规律，又称为肯定否定规律，是唯物辩证法的一个基本规律，它揭示了事物前进的总趋势和事物发展道路的曲折性。任何事物的发展都存在着肯定的方面和否定的方面，肯定的方面能保持事物的稳定性，否定的方面能够促进事物的发展和事物质的转化。否定之否定使得事物不断向前发展，其规律表明新事物是不可战胜的，我们应通过助推新事物来推动社会的发展。

（二）对高校思想政治教育创新运用大数据的启示

1. 联系的观点对高校思想政治教育运用大数据的启示

在大数据时代，我们挖掘和收集的数据不是单个的、片面的，而是全体的、整体的。在先进的数据技术条件的辅助下，我们更容易看到隐藏在事物内部的和隐藏在事物之间的种种联系。可以说普遍联系的观点指导了大数据的发展，大数据的发展也为普遍联系的观点提供了技术支持。当更多数据得以"发声"，整个社会的数据信息连接得更为紧密，教育工作者和学生便能够从别人的成果中看到自己存在的劣势与不足，从而反思自己的问题，找出差距进而改进提高，不断提升和完善自己。

2. 矛盾的观点对高校思想政治教育运用大数据的启示

大数据是由物联网、云存储和可视化等高新技术共同发展而得的产物，大数据产生后，大数据的生产者、搜集者、利用者之间相互协作，利用大数据来获得巨量的价值。在合作的同时，数据相关者也存在着尖锐的矛盾，他们之间是一种既对立又统一的关系，其矛盾需要运用马克思主义的矛盾观进行分析处理。建立利益共同体，高校师生才能共享大数据的价值。

3. 否定之否定规律对高校思想政治教育运用大数据的启示

事物的辩证发展过程会经过肯定—否定—否定之否定三个阶段，大数据的曲折发展印证了马克思的否定之否定规律，事物的发展不是一蹴而就的，大数据技术也不例外。大数据技术作为一个新兴技术，其在发展过程中会面对诸多困难，如隐私泄露等。马克思认为，否定中也包含着肯定，不存在绝对的肯定和绝对的否定。因此，面对大数据运用过程中出现的困难，我们需要进行深入的分析研究，推动大数据应用的顺利发展，走向"否定之否定"。

第三节　大数据时代思想政治教育创新契机

一、大数据是思想政治教育现代化的重要引擎

首先，大数据为推动教育工作的现代化注入了动力。将大数据运用到思想政治教育中，可以使教育内容传播更加及时。通过数据即时传播的特性，教师可以快捷地得知各种教育信息，与学生进行即时的沟通交流，解决学生当下的思想困惑。这种高速的信息传播效率，拉近了教师与学生之间的距离，使教师随时展开对学生思想上的教育、引导，增强了思想政治教育的实效性。

其次，教师通过大数据技术获知并分析学生的思想动态，可以掌握学生的思想规律，结合学生意愿制订相关教育方案，解决学生的诉求，增进思想政治教育的科学性。

最后，大数据为增强社会主义意识形态的引领力和凝聚力提供了引擎。现如今，作为引领主流意识形态的思想政治教育面临的形势依然严峻，迫切需要实现现代化。大数据能够对各种体现学生价值观念的数据进行分析和评估，预测学生的思想和行为倾向，并及时有效地对学生进行引导和教育，防止错误思想对学生的侵扰，增强主流意识形态的引领力。大数据还能够利用视频、音频等多种方式解读原本深奥、单调和枯燥的思想政治教育理论内容，增强教育工作的吸引力，促进思想政治教育的现代化发展。

二、大数据开启思想政治教育信息化发展的新阶段

教育信息化是指在教育领域利用现代信息技术全面深入地推动教育改革和发展的过程。思想政治教育信息化是一个复杂的过程，是转变传统的思想观念，运用现代的技术手段创造出的思想政治教育的新方法，是通过信息技术与思想政治教育进行有效结合来提升思想政治教育的效果。大数据时代的到来，使思想政治教育信息化在教材、教学过程、教育资源等方面有了新的发展。在教材方面，通过大数据的辅佐，教育内容变得更加多元和丰富。先进的多媒体技术手段可以将教育内容更加形象直观地呈现出来，增强了教材的多样性和吸引力。在教学过程方面，通过对数据信息的记录、分析和重组，可以对某个事物进行描述，还可以对态度和情绪进行分析。将思想政治教育对象的思想和行为进行收集、分析和利用，由此来为每一个学生提供更有针对性的教育和帮助。在教育资源方面，学生可以在庞大的网络数据库中根据自己的需求找到各式各样的学习资源，还可以将个人的资源发布到网络上供他人参考，实现思想政治教育资源的共建和共享。

三、大数据增强思想政治教育内容的吸引力

在传统的思想政治教育工作中，对学生的信息获取通常采用问卷调查、抽样分析、座谈询问等方式选取有代表性的样本，收集和分析样本的特点，归纳总结出整体的特性。这种用几个有代表性部分的共性来给整体下结论的方法，可以在一定程度上正确地反映出整体的某个特质，但是部分并不能完全代替主体，共性也不完全包括个性，无法避免地会忽略许多个性特征的存在。在大数据的时代背景下获取学生的数据信息时，不再只选取一部分作为代表或样本，而是构筑了更实用的信息采集体系。在数据来源上包括教学、科研、管理等多个渠道，不仅仅是各部门工作者所掌握的数据信息，而且包括各数据库内的信息。在数据采集载体方面，首先，通过课堂录播、校园监控、情感识别技术实时采集校内学生的思想、行为动向数据，对视频中的学生出现的危机情况进行预警，或通过面部表情和语言特点挖掘和识别学生的心理动态。其次，通过网页抓取软件、采集器等技术在各大网站和社交平台上抓取本校学生的评论来进行实时监控和舆情分析。最后，通过校园一卡通获取学生图书馆进出次数、出入宿舍时间、校内消费情况等学生校内生活数据，对每一位学生的行为细节的提取和分析，实现对校内学生所想、所感、所见的全息记录，从而有针对性地进行思想政治教育工作。

此外，运用大数据技术将线上教育和线下教育结合起来。在线下，教师能够通过分析学生的各项数据情况，制订合理的教学方案，更好地满足学生需求；在

线上，教师则可以将传统的课堂教育延伸至网络，给学生布置自学汇报型学习任务，让学生充分利用网络资源进行学习，采用翻转课堂等创新型教学模式来激发学生的学习兴趣。学生可以运用慕课、微课等进行自主学习。在慕课上，学生可以自由地选择自己感兴趣的思想政治教育课堂进行学习，也可以自由选择自己喜爱的老师、偏好的学校，还可以在留言板上与老师进行互动交流，教育模式的双向互动性得到显著提升。汇报型学习任务的设置，使学生能够充分发挥积极主动性，学生在分组合作的过程中提高了协同学习、资源共享、团结合作的能力。

四、大数据推动思想政治教育个性化育人

素质教育十分强调个性化教育，个性化教育主要是教育者根据受教育者的兴趣爱好、年龄特点、知识储备、实际需要、发展前沿等进行的个性化教学，以及受教育者主动结合自身实际情况进行的个性化学习。

一方面，传统思想政治理论课在高校教学中有着一定的不足，即在知识传授中的固化思维和未能实时更新的教育内容、教育方法及表现形式，脱离受教育者的实际情况，从而导致部分受教育者反感、厌恶甚至抵制，这在一定程度上降低了教学价值和教学效果。利用大数据采集、处理、分析等相关技术，思想政治教育工作者可以充分掌握受教育者的学习情况，诸如网络教学平台的学习时长、课时作业的完成情况、课堂参与的活跃度等，可以真实了解到受教育者的学习效果、学习感悟等，以便及时对教学计划安排进行调整，最大化满足教学内容的个性化需求。同时借助课堂教学反馈系统和完备的课程资源库，思想政治教育工作者可以科学评价教学的整个过程及后期效果，以此来调整优化自身的特色和优势，形成个性化教学模式。

另一方面，大数据还可以预测并优化受教育者个体的学习效果。受教育者可以通过相关的学习软件找出适合自己的学习规律，分析自己学习的优势和劣势，集中精力突破易错部分、薄弱环节。数据可视化技术、推荐算法核心技术等实现了热点事件的图表形式化、个性推荐化，可以帮助受教育者准确了解、适当调适自己。

五、大数据促进思想政治教育内源式发展

当下，思想政治教育信息传播的主要形式有大众媒体、班会讲座、面对面单向传播等，然而部分学生的思想意识还比较内向，不敢、不愿表达自己的想法，并且教育者不能充分重视学生的实际思想情况，一定程度上削弱了思想政治教育

效果。大数据时代的资源共享可以打破教师和学生搜索资源的时空限制，学生可以轻松使用电脑、智能手机等移动终端来表露情感、表达想法，还可以综合利用诸如文字、语音、视频、动画等表达形式。随着新媒体技术的逐步完善，诸多高校创立了官方的微信公众号、微博号、强国号等与学生进行交流，在这些平台上，有事务通知新闻类、思想引导塑造类、情感疏导建议类、学生兴趣关注类等热点信息，能加强学生与学校之间的交流互动。随着信息平台的蓬勃发展，政府权威、社会组织等合理利用信息平台来传播价值观念、引导舆论导向，可以促进社会治理能力现代化。大学生也可以通过平台收集数据，获取丰富的资源和有效的信息，从而增强自身的思想政治意识。并且信息平台的表达形式丰富多彩，表达内容精炼有效，可以完全打破传统思想政治课程乏味、无聊的局面，让更多大学生自觉主动地接受教育内容，深切领会思想政治教育的重要性与必要性，真正提高思想政治教育的质量。

六、大数据确保思想政治教育工作的科学性

数据信息是进行教育决策的前提和条件，是决策客观化和科学化的基础。提高工作质量和效果的关键在于保证这项工作决策的科学性，只有科学地进行决策才能使工作顺利进行并达到预期成效。在传统的思想政治教育过程中，由于数据收集分析技术不够成熟，收集学生数据不够及时，教育者往往会根据自己的知识储备和已有的经验开展思想政治教育工作，教育决策的科学性便大打折扣。运用大数据技术可以使数据信息分析在广度、深度、效度三个方面有所深入。在广度方面，思想政治教育工作者可借助大数据语义引擎技术和数据挖掘技术提取那些在传统思想政治教育中没有提取过的或不能提取到的数据信息，并梳理其内在联系，挖掘关联规律，揭示学生的学习规律、兴趣特点、能力偏向，为优化教育教学工作提供数据信息。在深化信息分析深度方面，运用数据挖掘算法可以处理任何类别和格式的大数据，深入挖掘出数据内部的价值。通过挖掘出的数据总结分析学生的思想行为轨迹，并在此基础上建立数据模型，可以实现对学生今后行为趋势的科学预测。在提升信息分析效能方面，运用数据可视化技术将分析结果从刻板的文字转化为直观、生动的图像形式；运用数据管理技术可以降低数据噪声，提升数据的有效性。

学生的各项数据信息是思想政治教育工作者进行教育教学的重要依据，教育工作者在广度、深度、效度三个方面进行数据信息分析，能够掌握比原先更真实贴切的数据内容，制定更加科学的教育决策。例如，思想政治理论课教师可以通

过深化数据信息分析来了解学科发展的最新动态，了解思想政治教育最新的理论成果；通过对理论成果的研读学习，将最新的内容穿插进教学中，进而提高思想政治教育的时效性和科学性；还可以将自己的PPT、教案、教学视频上传到网络中，在给其他教育工作者提供教学思路的同时还可以收获其他人的批评与建议，从而改进完善自身教学。

七、大数据提升思想政治教育评价的客观性

对学生进行教育评价是思想政治教育的关键环节，以往的评价方式侧重于通过学生的考试成绩和教育者的主观印象对学生进行评分，这种评价方式笼统且单一，不利于学生的全面、个性化发展，并且每个人思考问题的方式总会受其固有思维模式的影响，依靠教育者过往的教学经验或思维定式做出的评价不够客观和科学。

当今的素质教育注重培养学生的思想道德素质、个性发展和心理健康等，亟须运用大数据创新思想政治教育评价体系，通过数据分析和教学经验的有机结合，建立对学生的课堂学习、日常生活、社会实践进行全面、及时、客观分析的大数据评价系统。大数据评价系统一方面可以构建课前测试、章节测评、期末测评、教师评价、同辈互评等系统性评价体系，另一方面可以通过对学生的学习科研、社会实践、日常行为规范等数据的挖掘和分析，刻画出学生画像，将学生的学习进程、日常思想行为运用数据化的方式呈现，全方位把握学生思想成长的进程、规律和问题。对海量数据从线性分析转向复杂的非线性分析，从而了解被教育者无意识中忽略了的思想和心理动态，全面获得被教育者真实的思想状态和行为状态，减少教育者无意识中对决策过程的影响，优化决策方法，找寻出客观规律，做出更加科学的决策。

第四节　大数据时代思想政治教育创新存在的问题与归因

一、大数据时代高校思想政治教育创新存在的问题

（一）思想政治教育工作者的数据素养不高

教育者是教育过程的主体，其观念、方法、行为等都会对思想政治教育工作带来很大的影响。在传统思想政治教育过程中，思想政治教育工作者有很大的权

威，对大学生及整个教育工作起着引领作用。随着大数据时代的到来，社会环境及学校教育环境发生了很大的变化，对大数据的认知和理解也发生了变化，高校思想政治教育工作迎来了发展机遇，但现实情况并不乐观，存在着思想政治教育工作者数据意识缺乏、数据素养不高的问题。

数据素养是一种关于数据的能力，包括对数据的采集、分析、处理和应用方面所具备的能力，以及教师在数据的开采和使用中具备的思想道德素质与行为规范。由于大数据在高校思想政治教育过程中的运用机制不够成熟，许多思想政治教育工作者缺乏对大数据技术的兴趣、数据意识不强、对数据不够敏感、数据素养不高。

1. 数据意识不强

教师缺乏在教育工作中运用相关数据的意识和敏锐度，不能感受到大数据带来的好处，很难思考教学中数据的相关性，了解数据之间的关联和意义。学校内部各部门的数据参与情况不一，有些院系部门重视大数据在教育中的运用，有的院系部门的数据意识不强或无明显的教育意识的转变。

2. 数据运用能力较弱

不论是思想政治理论课教师，还是教学工作中的辅导员，他们的专业理论知识都很强，但是运用大数据的能力却很薄弱。随着社会信息化程度的提高，思想政治教育工作也不断顺应时代的发展潮流，引入了先进的科学技术，但由于高校思想政治教育工作者的信息化能力不足，综合素质跟不上时代发展的步伐，在工作中仍然采用传统的工作方式和培养模式，更谈不上让数据"发声"了。虽然有的高校让大数据走进了高校思想政治教育中，走进了大学课堂，但是大数据运用的普遍性较差，将大数据运用到思想政治教育教学及管理上的高校仅为少数。

3. 数据安全保护意识缺乏

大数据技术的应用不仅仅是技术操作上的问题，同时存在着安全风险。由于数据操作较为复杂，数据的采集、分析和应用存在着泄露隐私的风险。部分教师的数据安全保护意识不强，没有意识到数据安全保护的重要性以及数据泄露所造成的巨大危害，未经同意随意收集、分析、传播和二次使用数据，侵犯了学生的个人隐私，不利于学生的身心健康发展。因此，在大数据时代，大数据进入高校思想政治教育是一项长期而艰巨的任务。改变传统的教学思维，树立数据意识，提升自身整体素质，对高校思想政治教育工作者来说也将是一个巨大的挑战。

（二）大数据给学生主流价值观的引领带来冲击

在大数据时代，数据信息呈爆炸式增长，人们被海量的数据信息所包围。随着信息技术软硬件条件的不断更新升级，网络产生的数据量及产生速度令人无法想象，各国之间的距离越来越小，联系也越来越频繁。大量的数据信息给师生带来了更多的内容资源，但同时也冲击着大学生的主流价值观。

1. 大数据时代的信息内容呈现碎片化

互联网、自媒体以及各种社交软件不仅产生大量的数据信息，同时也在交换和传播着各式各样的信息内容。这些信息内容在经过反复的过滤、交换与传播后变得简短、零散，并且通常无固定的版式和主题，以碎片化的形式呈现，内容不成体系，形式和结构复杂。由于网络的开放性特征，纷繁复杂、良莠不齐的信息内容不断充斥在教育环境和校园环境中，大学生又是一个对新鲜事物敏感和感兴趣的群体，很容易受到不良信息的影响。大量且参差不齐的数据信息内容会直接影响到教育内容的选择以及教学质量的优劣。受教育者的思想观念很容易发生动摇，碎片化的信息内容在一定程度上减弱了对大学生主流价值观的引领作用。

2. 大学生的主流价值观受到冲击

大学生在面临众多选择时容易迷失自己，会在选择和取舍中犹疑，海量的数据信息对他们来说反而是一种干扰，不仅容易产生疲惫和焦虑的状态，而且会对他们的价值观念产生冲击。随着经济全球化进程的加快，世界各地之间的文化交流日益密切，这对我国优秀的道德思想、社会主流价值观产生了一定的冲击。

3. 大数据多元信息难以引导学生做出正确判断

由于互联网言论低门槛的特点，网络平台上的言论及观点良莠不齐、真假难辨。移动学习平台的出现丰富了高校知识储备，在一定程度上为学生思维表达能力的提升创造了条件，但是也存在价值标准扭曲和是非观念错位的风险。

一方面，大学生自由地检索移动学习平台提供的多元资讯，其真实性、权威性也值得考量。由于移动学习平台的知识模块分支众多，在检索过程中随着资讯的复杂性、多样性的提高，学生往往无法对移动学习平台给出的理论问题分析结果做出准确评估，便会盲目相信移动学习平台权威，从而形成错误观念。

另一方面，由于互联网信息纷繁复杂，大学生截然不同的思考方式与价值观相互交织，直接影响着大学生的价值观念、宗教信仰、生活态度等重要方面的形成。认识不同文化背景下的人的思维习惯、思想观念等，都会拓宽大学生的眼界，从而给予大学生更多的选择空间和思路。但是，对差异化信息的盲目强调也会导致大学生出现价值观上的迷失，使大学生无法做出合理的判断。

（三）思想政治教育工作中数据应用价值发挥不足

与传统思想政治教育方式相比，大数据时代高校思想政治教育的教育方式和手段变得更加多样化，新媒体及网络技术手段的应用改变了以往课堂教学的传统模式，大数据技术手段为思想政治教育工作提供了更为信息化的平台，手机App、学习平台及网站等丰富了思想政治教育的载体。然而，大数据技术的发展并不成熟，思想政治教育工作者对大数据的应用价值认识不到位，数据资源的利用率低，数据实践应用成果较少，导致大数据在高校思想政治教育中的应用价值发挥不足。

1. 对大数据的应用价值认识不到位

在思想政治教育工作中，思想政治教育工作者受传统观念的影响较大，数据意识较为缺乏，不善于运用大数据进行教学、管理和服务。目前，虽然大数据在高校思想政治教育过程中有一定的应用成果，但由于大数据在思想政治教育过程中的应用还不够广泛，高校对大数据带来的思想政治教育工作变革缺乏远见，对大数据的内涵、结构以及应用等问题认识较为模糊，或者只关注到大数据应用的负面影响，未深切体会到大数据在思想政治教育教学与管理中带来的巨大效益，无法全面认识大数据的应用价值。例如，学生个人信息数据库提供了完备的学生个人分析资源，部分教师认识不到数据库在教学管理中的应用价值，忽视现成的数据资源，造成了数据资源的浪费。

2. 数据资源的利用率较低

在大数据时代，网络化的数据资源不断被高校应用，但由于数据资源的"碎片化"和"私有化"的特点，其在高校思想政治教育中的利用率较低。一方面，数据资源的"碎片化"不仅对大学生的主流价值观产生影响，而且阻碍了大学生对数据资源的有效利用，加大了大学生对数据资源内容质量辨别的难度。由于信息内容呈现碎片化和分散化，大数据很难对有效的信息进行深度解读，降低了数据解读力。碎片化的信息和系统性的信息交汇融合，导致大数据无法对思想政治教育资源进行全面和深层次的解读，降低了数据资源的利用效率。另一方面，数据资源目前还处于"私有化"阶段，不仅在社会的各个行业、领域中存在着"数据壁垒"、数据资源共享不足的问题，而且高校内部各业务部门之间的数据管理系统相互独立，如学校的图书馆、后勤服务部、保安部、学生管理处等的数据信息被各自的数据管理系统掌握和管理，数据之间的共享和流通较为困难。

3. 数据实践应用成果少

目前，在高校思想政治教育的具体实践教学中形成的实践成果较少，实践应用处于起步探索阶段，还需要投入大量的时间和精力进行实践应用层面的摸索和研究。具体来说，高校对大数据收集、分析和处理的应用能力有限，虽然部分高校的基础数据信息系统建设完备，但是在应用上还处在发展前期，缺少成熟的数据应用模式，部分应用成果普及率低，有价值的数据实践应用成果少，高校之间的大数据成果在数量和质量上存在较大差距。例如，一些"985"或"211"院校的数据系统和数据平台较为先进和完善，而一些普通高等院校并未建立大数据相关基础数据库和数据系统。

（四）大数据安全隐患多，学生的隐私保护存在风险

随着大数据技术的成熟，个人的数据信息变得越来越重要。大数据在给社会生活带来便利的同时，使人们面临着伦理的难题，如人们在日常上网之际，会留下自己的浏览记录，包括出行记录、消费记录、上网记录、搜索记录等各方面的数据资源，这些信息关乎个人的生活隐私，倘若被不法分子利用则会对个人的生命、财产及生活造成严重的不良后果。

1. 学生个人信息安全面临威胁

奥地利数据科学家维克托·迈尔-舍恩伯格（Viktor Mayer-Schonberger）曾说："大数据时代，我们进入了一个没有遗忘的时代，人类的一切活动和行为都会被记录下来，人类住进了'数字圆形监狱'。"大学生通过手机、电脑等在网络上留下了日常活动轨迹，并且大数据技术在学校中的应用日益广泛，如校园一卡通记录着学生的消费记录、进出图书馆记录、借阅记录、就医记录、进出校门记录以及上网学习记录，学校的网上选课系统记录着学生的个人基本信息、成绩信息、课程信息等学习信息情况，同时学校还通过大数据技术收集和存储学生的上网记录、消费记录、出行记录等各方面的信息，一方面这对全面了解学生的发展动态、分析学生的思想行为变化有很大的帮助，但另一方面侵犯了学生的隐私，导致学生的个人信息安全面临威胁。

2. 大数据的分析和利用过程中存在伦理道德问题

高校思想政治教育工作者可利用大数据技术的便捷优势，通过互联网、移动

设备、传感器等轻松地获取学生的个人信息，这些数据信息对思想政治教育工作者来说是一种可靠的教学内容来源和教学辅助手段，但是对学生来说，这涉及他们的个人隐私。思想政治教育工作者通过大数据技术分析和利用学生的个人信息，可能会对学生的身心产生不良影响，导致学生与教师之间产生不可调解的矛盾。另外，大数据技术越来越能够提升思想政治教育工作者的工作效率，导致思想政治教育工作者过度依赖大数据技术带来的便利性，认为数据是万能的，认为依据大数据技术进行分析和判断就会做出正确的决策。实际上，大数据技术仅是对信息数据进行量化和分析，并不能反映活生生的人，人是有道德、有情感的，而不仅仅是依靠数据的分析就能解决问题的。

（五）大数据操作难度大，缺乏相关专业人才

目前高校硬件设备不够完善，较少地将大数据技术平台应用到学生思想政治工作中，不能为学生解决生活学习中遇到的实际问题。大数据方面的专业人才匮乏，导致数据平台缺乏完善和更新，缺乏对学生隐私信息进行有效的保护，因此收集到的教育大数据不能有效地进行挖掘分析，难以发挥大数据的价值和意义。思想政治教育工作者缺少大数据相关的知识与技能，因而鲜少利用大数据去了解学生的生活、学习情况，对学生缺少针对性的教育与管理。

在高校思想政治教育过程中，高校的思想政治教育工作是关于人的工作，主要由思想政治理论课教师引导教育，当大数据参与到思想政治教育的教学与管理工作中，却很难发挥大数据的实际应用价值。

1. 思想政治理论课教师掌握大数据技术难度大

将大数据运用于思想政治理论课的教学过程之中，就必须要求思想政治理论课教师掌握大数据相关的基础理论知识，了解大数据的运用机制与操作流程，并能够熟练运用大数据，以发挥大数据在思想政治教育过程中的作用。但是，思想政治理论课教师通常为法学、哲学或文学门类的研究人才，他们对工学和理学的学科知识不了解、不熟悉，很难掌握大数据相关的核心技术知识，更不用说将其熟练应用于思想政治理论课的教学过程中了。

2. 学校缺乏相关专业人才

大数据技术的发展尚未成熟，许多高校尚未设置相关学科专业，课程教学体系涵盖了大数据的发现、处理、运算等核心理论与技术，对人才的要求较高。但是人才的需求与供应存在较大差距，导致具有大数据处理与分析能力的技术型人

才较为缺乏。对高校来说，很难引进相关专业人才，更不用说使大数据技术在高校思想政治教育中发挥强大的作用了。

二、大数据时代高校思想政治教育创新问题的归因

（一）教育者对大数据的重视程度不高

在过去的教学中，教育者的教育和受教育者的接受是天然对称的，教师既是教学内容的掌控者，又是教学方式的主导者，拥有绝对的话语权，而学生只能被动接受理论知识。随着信息技术的进步，学习资源逐渐数据化、信息化和网络化，学习的途径日益多元化，学生不再处于教学的弱势地位，而是可以通过多种方式来获取知识。网络中的学习资源包罗万千，无论是在广度还是在深度上都大大超越了教师，因此学生在网络中获取的数据信息，在某些方面可能超过教师。教育者要想取得更好的教学效果，就必须跟上时代的步伐，进行教学方式的创新。

思想政治教育工作者受传统的教育体制和教育模式的影响，在多年的教育教学实践中已形成了自己特有的工作方式。若让思想政治教育工作者改变其传统的思维定式与工作方式，主观上接受大数据思维模式，重视学习大数据相关技术并融入自己的教育教学，势必花费一定的时间。教育者对大数据的重视程度不高，势必导致学生没有运用网络中的数据资源进行自主学习的意识。

（二）数据资源的海量性与复杂性并存

在大数据时代，信息呈爆炸式增长，大数据无时无刻不产生着大量的数据资源，同时也在源源不断地输送和传递数据资源，为高校师生带来了丰富的教学资源。但大数据在带来海量的数据资源的同时，也面临着数据复杂性的危险，这一现状是由数据资源的双重矛盾决定的，即数据资源既具有海量性的特征，又具有复杂性的特征。

1.数据资源具有海量性的特征

在大数据时代，随着互联网技术及智能设备的发展应用，人们能接收到来自各方面的数据资源。对高校思想政治教育来说，大量的数据资源扩充了高校思想政治教育的信息宝库，使思想政治教育的教学内容更加丰富多样，不再局限于理论课程教材，并且更容易被大学生理解和接受。在大数据时代下，大学生的学习主动性也得到了提高。以往信息的封闭性使大学生很难接触到丰富的知识内容，他们通常通过课堂和教材的学习接收理论知识内容，而互联网、传感器、移动通

信以及可穿戴设备的普及与应用，拓宽了数据资源的来源渠道，使大学生不再受到时间和空间的限制，可随时随地获取资源，为高校思想政治教育工作提供了大量的知识信息储备。

2. 数据资源具有复杂性的特征

数据资源不仅具有丰富性的特征，还具有复杂性的特征。一方面，数据来源渠道多样、不明确，有些数据资源是后期人为拼凑而成的，导致数据缺乏完整性、真假参半。数据资源内容良莠不齐、鱼龙混杂，使高校思想政治教育工作受到冲击。大量良莠不齐的西方文化也趁机进入中国的文化市场，潜移默化地影响着大学生的思想和价值观念，动摇了大学生的主流价值观。另一方面，网络学习资源越丰富，学生越难找到合适的资源。大数据时代思想政治教育内容的更新速度十分迅速，分秒钟旧的信息内容就会被新的信息内容所覆盖，与一个关键词相关的内容就不计其数，与一个研究对象相关的内容就涉及方方面面，这些信息在一定程度上会对大学生产生不良影响。由于大学生缺乏辨别和筛选有效信息的能力，无法分辨出有效的信息内容，这些信息对他们来说反而是一种负担，影响着思想政治教育的教学效果。

在大数据时代，海量的数据资源不仅为高校思想政治教育带来了丰富的教学内容，同时也存在着复杂性，会对高校思想政治教育工作产生不良影响。因此，高校思想政治教育工作者要辩证地看待大数据的作用，不能过分依赖大数据，不能做"唯数据主义者"，而要适当合理地将大数据运用于高校思想政治教育过程中。

（三）传统教学方式与新兴教学方式存在矛盾

大数据时代创新了高校思想政治教育的教学方式，实现了对传统教学方式的突破，但是新兴教学方式在应用上并未取得良好效果，其技术条件不成熟，并且新的数据平台的应用实践还存在很大问题。同时，传统教学方式在高校思想政治教育中具有权威性和公信力，新兴教学方式很难取代传统教学方式的地位，传统教学方式依然在思想政治教育的过程中发挥着很大的作用，潜移默化地影响着高校思想政治教育工作。因此，在大数据时代，传统教学方式与新兴教学方式存在矛盾，其融合不足的现状制约着大数据时代思想政治教育教学方式的创新。

1. 大数据时代要求传统教学方式发生变革

传统思想政治教育往往采用理论灌输法、文化熏陶法、典型示范法等多种方法进行，其中主要以理论灌输法为主。传统教学方式在过去很长一段时间中发挥着重要的作用，有其独特的魅力和价值。传统教学方式严谨、科学、准确的特点促进了高校思想政治教育的长期发展，但是其仍存在一定的问题。面对面的课堂教学已不再适应喜欢互动的大学生，其不再满足于被动地获取教学知识内容。与传统思想政治教育的教学方式相比，大数据技术所带来的教学方式更加多样化、现代化，不仅能够为大学生提供更加广阔的学习平台，提高了大学生的积极主动性，而且为高校思想政治教育工作者提供了有效的管理工具。例如，微博、微信、QQ 等社交软件成为师生获取和传递教学内容的重要形式，钉钉、腾讯会议、ZOOM 等网络直播软件实现了对传统课堂教学方式的创新，慕课、学堂在线等在线课程丰富了大学生获取教学内容的途径，这意味着随着大数据时代的到来，高校思想政治教育的教学方式也在不断与时俱进，传统教学方式已不能跟上时代发展的步伐，因此，创新高校思想政治教育的教学形式十分紧迫。

2. 传统教学方式制约着新兴教学方式的创新

在高校思想政治教育过程中，教育的方法依然以理论灌输法为主，传统的课堂教学依然是主要的教学方式，在教学中占有不可动摇的地位。由于网络技术条件的限制，新兴教学方式在应用上存在一定的问题，同时部分教师的数据应用能力不足，基本不使用新兴教学方式。另外，传统教学方式与现代多样性的教学方式融合不足，虽然存在形式多样的教学方式，但是在实践中应用效果不佳，思想政治教育依然以传统教学方式为主，制约着新兴教学方式的探索和创新。

在大数据时代，传统教学方式与新兴教学方式存在矛盾，但二者之间又是相互影响、相互促进、相互制约的关系，因此，思想政治教育工作者要在实践中改进传统教学方式，促进新兴教学方式得到创新和发展，在思想政治教育过程中实现二者的深度融合。

（四）大数据技术带来的便利性与风险性并存

互联网上的数据信息涵盖内容广、传播速度快、来源渠道多样，各式各样的信息对大学生的思想观念、价值观点具有一定的影响。大学生处于三观形成和完善的关键时期，喜欢在网络上浏览社会热点，而网络上鱼龙混杂的信息冲击着大学生的思想认知，他们以为看到的是事情的全貌，殊不知其可能是披着伪真实外衣的假象。

1. 大数据技术给思想政治教育带来了诸多便利

首先，大数据技术给高校思想政治教育带来了更加丰富的数据资源。互联网具有开放性的特征，打破了时间和空间的限制，给人们提供了一个无限延伸的虚拟空间。人们利用大数据技术构建的数据资源信息库、数据交流与共享平台，为数据的储存、传播与共享提供了便利的条件。

其次，大数据技术开拓了定量研究方法，将研究对象相关的全方位数据进行了量化处理，并分析了现象之间的关联性，提高了思想政治教育的工作效率。

最后，大数据技术提高了思想政治教育工作的教学效果。大数据技术通过对教育资源的挖掘、分类、整理和分析等来直观地呈现出现象之间的关联性，并对人的思想行为动态进行预测预警，从而实现个性化教学。

2.大数据技术的缺陷带来一定的风险

大数据技术能够实现对全样本数据的收集和分析，但在日常生活实践中的数据采集、分析与应用的能力还很有限，获取到的也仅是浅层的数据。

首先，大数据技术基础存在薄弱之处，大多技术设备的开发、应用及维护手段存在不足。部分高校的信息化系统不够完善，在信息采集、分析上存在滞后性，需要对技术设备及手段进行进一步的更新。

其次，隐私保护机制不够完善。大数据技术收集学生的数据信息，把学生的个人信息以数据的形式呈现在人们的面前，有的学生不希望个人信息进入公众视野，对他们来说这侵犯了他们的个人隐私。

最后，数据异化将产生不良影响。有些思想政治教育工作者认为，思想政治教育工作中的一切现象都能用大数据来分析和解释，数据量化后的结果就是科学准确无误的。事实上，对数据的过度依赖和崇拜将会导致"唯数据主义"的极端现象。思想政治教育工作者对数据认识不足、滥用数据，导致不良信息传播，都将给思想政治教育工作带来严重的影响。

总之，大数据时代的到来使高校思想政治教育的环境更加开放，给高校思想政治教育带来了诸多便利，但同时大数据技术也存在一定的弊端，需要在思想政治教育的应用实践中去解决。

（五）大数据技术应用于思想政治教育中的相关体制机制不健全

在大数据时代，大数据技术在思想政治教育中的应用发展前景较好，并取得了一些实践应用成果，如校园一卡通、图书馆智慧服务与管理系统的广泛使用。但在具体的实践中仍然存在着一些问题，如大数据人才队伍建设机制不完善、相应的隐私保护机制欠缺、大数据管理体制机制不健全等，这些都严重影响着大数据技术的实践应用前景。

1. 大数据人才队伍建设机制不完善

在大数据时代，随着大数据技术在高校中的推广与应用，对大数据人才的需求增加，并且对高校大数据人才队伍的建设提出了更高的要求，完善人才队伍建设机制刻不容缓。当前，由于大数据技术的操作难度大，若想利用大数据技术提高思想政治教育的教学效果，必须使用算法及数据分析技术来处理相关数据信息，但这种专业的技术需要专门的人才，目前高校中的大数据人才较为缺乏，也没有专门的人才队伍。数据的采集、挖掘、分析和管理等任何一个步骤都需要有专业的人才进行操作，高校不仅缺乏技术型人才进行专业操作，同时也缺乏复合型人才来促进思想政治教育的发展和创新。

2. 相应的隐私保护机制欠缺

大数据在开发与应用的任何一环节中出现安全管理不到位的问题，都会带来个人数据信息安全的风险。当前，我国在大数据方面的法律还不够健全，对数据的挖掘和处理边界不清晰，存在数据使用不规范现象。在学校系统内部，各个业务部门的标准不统一、权限不明确，部门之间存在着"数据壁垒"，数据之间的交流共享机制不健全。在数据使用的过程中，数据使用规范及标准不明确，权责归属不清晰，造成随意使用和二次传播数据，导致学生的个人信息，包括学生基本信息、网络搜索信息、微博微信等动态信息的泄露与滥用，影响学生的身心健康，加大了思想政治教育工作的难度。

3. 大数据管理体制机制不健全

随着大数据技术的推广与应用，高校的信息化建设提上日程，各种数据管理系统和平台陆续开发与建设，但同时问题也逐渐显现。高校缺乏相应的风险应对机制，各部门、各高校以及各地区之间缺乏统一的规范指导和管理体制机制，未形成统一的协作机制，导致各部门、各高校、各地区之间形成"信息孤岛"，数据的交换与共享困难。

第五章　大数据时代思想政治教育创新发展对策

在大数据复杂的数据和信息之下,高校思想政治教育面对巨大的机遇与挑战。科学技术的发展给高校思想政治教育提出了更高的要求。大数据的发展促进高校思想政治教育不断向前发展。本章分为大数据时代思想政治教育观念变革、大数据时代思想政治教育机制完善、大数据时代思想政治教育方法优化、大数据时代思想政治教育平台搭建四部分。

第一节　大数据时代思想政治教育观念变革

一、树立从整体入手促进针对性的教育观念

"当数据处理技术已经发生了翻天覆地的变化时,我们需要的是所有的数据,'样本＝总体'",这就充分说明了在大数据时代关注整体的重要性,从整体入手获得更为全面的信息,为进一步掌握个体信息奠定可供查找的资源基础。整体思维就是要关注全部数据信息,这种关注体现在两个方面:从宽度来看,要关注总体性和全量性的数据信息;从广度来看,要关注全员性和全过程性的数据信息。在大数据时代,高校不仅要借助大数据从横向掌握全部学生的数据,从纵向掌握每个学生各方面的数据,还要掌握教育者与管理者的相关数据,以此为基点才能形成一个完整的数据系统,实现教育过程的良好衔接和统筹。同时,因为"现实的人"的思想和行为总是处于未完成状态,所以对数据信息的关注要放在一个较长的时间段,只有这样才能更好地区分学生的正常思想行为样态、偶然性的思想行为样态以及刻意性的思想行为样态等,在更广阔的时空中获得其较为稳定的承载着行为轨迹以及由此反映出来的思想变化趋势的数据信息,这不仅能为极具针

对性的高校思想政治教育的开展创造充分的条件，而且能够达到提升高校思想政治教育实效性的目标。

二、树立在混杂中实现精准性的教育观念

在信息较为缺乏的时代，人们总是执迷于精准性。而在当前来看，整个网络空间中以结构化形式存在且适用于传统数据库的数据占据的比例仅为5%，如果依然执着于精准性而不能接受混杂，那么大部分以图片、影像、音频等形式存在的非结构化的数据就无法被利用。这说明在大数据时代要想真正发挥全数据的效用，树立模糊思维是十分必要的，若不允许存在误差就可能会面临处处受限的窘境。在研究某一问题时，如果仅仅抓住这一问题直接指向的强关联信息，那么可利用的信息也相对恒定且有限，在处理问题时往往就只能从一个方面出发并受到这一方面的限制，所以需要借助其他混杂性信息来辅助数据分析获得结果。除此之外，对特定的主体或研究的客体来说，在时间的长河中，它们总是处在变化的过程中，其本身就具有模糊性，但是在众多模糊性的数据信息积累的过程中，其又能呈现出相应的规律性，并且这种规律性也能逐渐被发掘并纳为己用，由此便能定位精准需要从而进行精准供给。在供需平衡性增强的过程中，高校思想政治教育主客体的需要都能较为精准地被满足。高校思想政治教育的主客体都要自觉主动地树立起模糊思维，接受混杂性信息，接受不完美，并在此过程中借助大数据的完整性与混杂性进行更全面的研究，从而在模糊中更好地实现目标，以模糊达精准。

三、树立借相关关系助力科学性的教育观念

在大数据时代以席卷之势到来之际，人们依然过多地执着于现象背后的原因就显得有些不合时宜，而是应该让数据"说话"，以数据来陈述现象的同时通过大数据的相关关系的深刻分析揭示现象背后的原因，这就推动了因果关系的研究向着更深的层次发展。因果分析固然重要，只有通过因果分析才能真正了解本质。但是一开始就找因果很容易受到主观因素的左右而陷入因果循环，"就原因而原因"，往往会有生硬与牵强的感觉，也难以找到真正的原因，此时就应该寻求一种解放，打破固化思维。

大数据时代的相关思维表达的是对事物之间关联性的重视，可以借助相关关系发现因果关系尚未发现的问题、解释因果关系无法解释的现象，使主体在判断时能够避免主观印象的影响，也使相关数据信息反映出来的主体行为和思想动态

变得相对具体、可把握。高校思想政治教育的主客体要打破因果分析的习惯，增强对相关关系的敏感度，关注看似离散、毫不关联的事物，善于从中发掘事物之间的内在联系，进而发现隐藏的因果关系，揭示事物背后隐藏的规律，抓住问题的关键，进而探索解决问题的办法。

在长期的工作过程中，高校思想政治教育工作者已经形成了相对固化的思维范式，面对新事物带来的冲击，传统的思维范式的适用性被大大削弱。在大数据时代，整体思维、模糊思维、相关思维的应用有了非常契合的环境，这些思维的价值得以被重新发掘，而多元的思维方式更有利于对问题进行全面的把握，获得对事物多层次性、完整性的认识。高校思想政治教育的实效性要想在大数据时代获得明显的增强，就需要转变教育主体的教育观念，从思维方式着手，转变传统的思维范式，树立起大数据思维。

四、树立不同主体之间协同化的教育理念

传统高校思想政治教育存在分散化、孤立化施教的情况，在思想政治教育形式方面，主要是依托课程育人，管理育人、服务育人、资助育人、组织育人等占比不高，全方位育人的局面尚未形成；在思想政治教育渠道方面，主要是依托思想政治理论课主渠道，同向同行的课程思想政治育人模式尚未建立；在思想政治教育育人主体方面，主要是依靠思想政治理论课教师、辅导员等思想政治教育工作者，汇集学校、社会、家庭、学生的全员育人模式尚未形成。在这种分散化、孤立化的育人模式下，思想政治教育对象在不同活动领域表现出来的行为信息、思想动态信息之间的关联性不足，这对于从不同维度全面深入地了解思想政治教育对象、整合教育对象各类信息资源为思想政治教育决策提供依据十分不利。

在大数据背景下，数据与数据之间不再是相互隔离的，信息与信息之间蕴含着潜在价值。看似毫无瓜葛的事物之间却存在着某种相关关系，通过对相关关系的挖掘，不仅能够发挥不同主体的合力效应，而且能够对事物的未来发展进行趋势预测。在大数据背景下，高校思想政治教育也要从注重因果性关系的探寻到兼顾相关关系的分析，树立协同育人的理念，构建全域育人模式，汇聚与高校思想政治教育相关的各个领域、各个层面的信息，借助大数据技术进行关联性分析，找出不同现象之间的内在关联，从而借助相关关系更好地探寻思想政治教育对象的思想和行为动向产生的原因。总之，高校思想政治教育应当主动拥抱大数据带来的良好机遇，树立协同育人理念，在该理念的指导下形成教育合力，打破部门和人员之间的信息壁垒，创新高校思想政治教育育人模式。

第二节　大数据时代思想政治教育机制完善

一、加强领导机制

领导机制是领导者在领导过程中采取的措施，是思想政治教育能够长期有效实施的首要机制，在工作机制中起主导作用。要想切实加强领导机制，就要做到以下几点。

（一）强化组织领导

高校应坚持党委统一领导、相关部门各负其责、齐抓共管的领导体制。高校要加强顶层设计，设置专门负责思想政治教育的领导机构，强化组织领导。高校党委也要树立"大宣传"的工作理念，实行"一岗双责"，明确自身职责和政治责任，把落实思想工作作为关键抓手，在政策制定、人员调配等方面加大领导力度。只有这样，才能真正在方法运用过程中发挥领导保障作用。

（二）落实责任制度

制度能够为行为主体提供必要的行为准则，保证其方法运行活动的规范性。落实责任制度重在落实意识形态责任制度，要通过责任制度压实各级领导主体责任，各部门密切配合，注重协调性。同时积极创新制度要素，建立信息畅通、主体协同、动态监控的工作网络，有序开展意识形态监管工作，切实保证方法的方向性，加强对动摇意识形态一元性的有害信息的惩处力度，增强空间场域的政治鉴别力和强制规范力。

（三）增强机制的系统性

教育的有效运行需要具有整体性、系统性的机制发挥作用。加上思想政治教育领导机制是一套系统的制度体系，所以必须强化系统思维，统筹全局，理顺党委和各级部门、管理对象之间的关系，创新组织、模式、结构，构建党委领导、部门合作、全体师生共同参与的大格局，为方法创新服务。同时要树立多元联动的理念，加强顶层设计，建立多元主体的协调沟通管理机制，解决沟通不畅、上下不贯通的问题，同时培育社会组织，整合学校、社会、网络等资源，打造深层多元联动治理模式，增强机制的系统性。

二、创新管理机制

有效的管理机制是思想政治教育方法能够运行的关键，也是方法创新能够实现传播效果的基础。思想政治教育的管理机制是指管理者在思想政治教育方法运用的过程中采取的有计划、有组织的管理手段，最终达到育人的目的。为此，要做到以下几点。

（一）构建目标管理机制

思想政治教育的有效运用需要激发教育者的积极性，让其在教学过程中更有动力引导学生做出正确的行为选择。这种目标管理机制能够激发教育者的行为动机，促进个体的身份认同。所以高校应当参考专任教师、行政管理人员的意见，科学设定长期目标、中期目标和短期目标，发挥目标管理的定向、调节与激励等功能。同时应确定激励制度，设置物质奖励与精神奖励相结合的奖励办法。物质奖励包括发放奖金、提高工资等，精神奖励包括提供晋升机会、授予荣誉称号等。

（二）构建舆情监管机制

相关部门应建立健全数字化新媒体监管平台，同时密切跟踪和把握信息技术的发展变化，加强对负面舆情的监管力度，及时发现、识别负面舆情，完善高校思想政治教育的规范和管理细则，建立常态化、制度化的舆情筛查、管控和防御机制，营造风清气正的新媒体思想政治教育方法的传播环境。同时建立网络信息巡视员制度，组建以教师、学生组织为主体的网络信息员队伍，使其对教学课程、教学资源进行巡视和监控，分析负面舆情诱发点、风险点和影响因素，同时预测其发展趋势和等级，及时上报领导，从源头进行疏导与化解。

（三）构建他律约束机制

高校一方面要在遵循国家法律的基础上严格制定校园纪律，同时根据校园实际及时做出调整，填补校园法律的空隙；另一方面要加强道德建设，将道德建设与科学研究、人才培养、社会服务相结合，构建他律约束机制，增强主体的自我教育、自我监督、自我管理能力，提高其网络行为的自律能力。

三、构建共享机制

科学技术同社会意识紧密结合，大数据时代高校思想政治教育精准化应该考虑教育资源供给与需求之间的统一，也要考虑二者的循环效应，即提供给学生的资源越多，学生学的内容和学习需求也越多，高校思想教育资源共享的系统性、动态性、共享性的特点可以兼顾二者，但在实践中面临着质量难以保证、重形式轻内容等诸多问题，构建资源共建共享机制已然成为必然要求。

大数据时代资源共建共享机制的正常运行，包括思想政治教育资源的建设、运作及发展，均依托网络技术构建优质教学资源共享平台来实现。一是基本模式的建构。网络平台以技术作为支持，一方面是共享机制的重要体现形式，另一方面是高校思想政治教育资源的有效传播载体，在此基础上形成共享机制基本模式。二是体系框架的设计。在实际构建的过程中，相关部门应结合高校思想政治教育实际，明确思想政治教育资源的共享需求，大力发挥地域优势，对邻近区域内的高校群进行思想政治资源的优化、整合，制定囊括国家级、省市级、高等校院校三个不同层次的教学资源共享机制框架。

四、完善保障机制

思想政治教育方法的保障机制主要包括物资保障机制、队伍保障机制、制度保障机制。其中物资保障机制是前提，队伍保障机制是关键，制度保障机制是条件。

（一）物资保障机制

物资保障机制是思想政治教育方法创新的物质前提。设备、设施是进行方法创新的工具性载体。高校应增加现代化教学设备，为创新方法活动提供计算机、投影仪、摄像机等必要设备的支持。场所是思想政治教育方法的定量研究和实践操作的场地。所以高校要提供实践基地、数据中心等必要的场所，为思想政治教育活动提供场地支持。资金是方法创新中所支付的货币，所以高校需要通过加大活动经费、培训经费投入等手段，让思想政治教育创造性活动能够获得必要的物质资料，促进活动的顺利进行。

（二）队伍保障机制

队伍保障机制是思想政治教育方法创新的关键。思想政治教育方法创新实质上是一种具有创新精神的社会实践活动，需要具有创造力的教师、学生干部等人的参与。首先需要增强教师队伍的理论学习和实践操作能力，围绕网络思想政治教育、学生日常工作、危机事件应急处置、党团建设、心理健康教育等内容展开系统化的培训，完善教师队伍的培训体系，使其能够洞察思想政治教育方法的问题与不足，探索方法创新的规律，进而找到合适的方法；同时要重视与学生交流的沟通技巧，以学生喜闻乐见的方法进行交流。其次要培养大学生骨干队伍，把握好选拔、考核、培训、管理等环节，发挥学生骨干的榜样示范作用。最后要培养协同合作精神,使得思想政治教育工作队伍能够实现目标认同,并展开合作。

(三)制度保障机制

制度保障机制是方法创新逐步走向制度化的保证条件,因此高校需要建立人才引进和教育培训的相关制度,同时运用法律规定经费支出、人员配置等内容。值得注意的是,当代思想政治教育方法广泛运用于网络空间,需要以网络生态为基础,规定并约束工作队伍的创新行为,发挥制度的行为导向功能,促进方法创新的规范化、系统化。

五、健全评价机制

在大数据时代教育评价改革背景下,高校思想政治教育工作质量评价围绕立德树人根本任务,涉及多个领域、部门、环节。大数据时代高校思想政治教育精准化评价是高校思想政治教育工作评价的内容之一,同样也必须坚持以立德树人根本任务为核心,综合多个维度、要素和指标,建立立足时代、符合高校实际的成效评估考核机制。

高校应探索建立成效评估考核机制,利用互联网技术将有关数据信息和高校思想政治教育相关的其他学科理论和知识融入成效评估考核机制,在此基础上得出的评价结果更客观、更全面。此外,高校也可利用专业的教育精准化评价软件进行效果评估,将教学环节、实践活动、测试结果等方面融入高校思想政治教育大数据平台和系统。

具体来说,一是在继承高校思想政治教育工作质量评价经验的基础上,坚持重点督查和常规评价相结合;二是在学科相互融合的过程中创新方法运用,坚持合格评价与典型培育相结合;三是考虑不同评价主体对同一评价对象或处于不同阶段的同一群体的评价结果,建立一种能够同时把内部质量保障和外部质量评价密切结合的考核评价模式。

第三节 大数据时代思想政治教育方法优化

一、大数据对思想政治教育方法优化的作用

(一)大数据是思想政治教育方法优化的时代背景

随着大数据时代的到来,社会的信息化水平得到了极大的提升,数据量不断

增长。在此时代背景下，大学生更加倾向于信息化和网络化的教育方式，其思想行为愈显个性化和多元化。因此，思想政治教育方法需要做出相应的改变，以应对大数据时代的发展要求和大学生的发展需求。而思想政治教育方法的优化需要教育者站在大数据的时代背景下进行，以确保优化方向的正确。

（二）大数据为思想政治教育方法优化提供强大驱动力

大数据时代的到来，为教育者带来了全新的思维方式、先进的技术手段和丰富的信息资源。思想政治教育方法需要有一定的驱动力量，才能推动其优化的有效开展，而大数据恰好能为其优化提供强大驱动力。

二、大数据与思想政治教育方法之间的关系

大数据与思想政治教育方法的融合创新，其中思想政治教育方法是核心，而大数据则起辅助作用。对大数据进行合理和有效的运用，能够推动思想政治教育方法的革新。因此，大数据时代思想政治教育方法优化是大数据技术和思维与思想政治教育方法的融合，在两者融合的过程中，大数据不能逾越思想政治教育方法或占据主导地位，而是需要遵循后者的价值取向和实际情况。

三、大数据时代思想政治教育方法优化的要义

我们可以把"优化"理解为创造新的事物或优化旧的事物。因此，思想政治教育方法融合大数据的优化并不是说要创造出之前不存在的思想政治教育方法，而是可以通过融合和运用大数据的思维与技术，对传统的思想政治教育方法进行优化，使其满足大数据时代的要求，顺应大数据时代的发展，这也是优化的目的所在。

四、大数据时代思想政治教育方法优化的特征

（一）继承性

任何事物的发展都要以原有事物为根据，任何事物的优化都离不开对原有事物的继承。大数据时代思想政治教育方法的优化不是凭空产生或人们主观臆造的，而是需要在继承传统思想政治教育方法的基础上来进行的，体现了其对传统的继承。传统的思想政治教育方法是大数据时代思想政治教育方法优化的根基，如果抛弃传统而一味地追求所谓的"优化"，则与优化的最初目的相违背，也不是真正的优化。随着大数据时代的到来，部分传统的思想政治教育方法可能存在与大数据时代发展不协调的情况。但在优化的过程中，并不是对传统的思想政治教育

方法抛弃不用，而是在继承传统的思想政治教育方法的基础上进行优化。因此，在大数据时代思想政治教育方法优化的过程中，教育者需要做到"取其精华，去其糟粕"，在继承传统的思想政治教育方法的基础上把其中的有益成分与大数据进行有机融合，使传统的思想政治教育方法不断与时俱进，实现新的发展。

（二）融合性

融合性是大数据时代思想政治教育方法优化的主要特征，体现了思想政治教育方法对大数据的充分融合和运用。融合性具体表现为思想政治教育方法不仅要对大数据的技术进行充分运用，而且要把大数据的思维充分融合于思想政治教育方法当中，充分发挥大数据的价值，从而促进思想政治教育方法的优化发展。大数据是一种新的思维方式和一项新的技术手段，运用大数据对思想政治教育方法进行优化不是一件简单的事情，并不是将两者简单地相加，而是需要对大数据进行充分融合和运用，才能有效地促进思想政治教育方法的优化发展。

（三）客观性

大数据时代思想政治教育方法优化的客观性特征，是由大数据的客观特性和本质属性所决定的。大数据的数据分析能对社会现象和状况进行真实描述和客观反映，体现了其实事求是的特点。而大数据时代思想政治教育方法的优化，也应该体现出实事求是的特点，即客观性。思想政治教育方法融合和运用大数据的优化，不是教育者的主观臆造，也不是简单地将两者进行相加或对某一部分进行拼凑，而是需要教育者根据教育环境的客观情况、大学生的实际需求以及思想政治教育方法与大数据的契合度来进行优化，克服了教育者的主观性。在优化的过程中，由于大数据的规模性、高速性和多样性特征，数据信息和教育环境时刻都在发生变化，这要求教育者根据不断变化的实际情况来对优化进行及时的调整，不能违背客观实际，做到顺势而为。

（四）发展性

发展性是指根据不同时空背景下主体需求和客观实际的变化情况，思想政治教育方法不断适应并反映这种变化的特性。一方面表现为方法本身的内在要素会根据现实情况的变化不断与时俱进。首先是主体呈现多元化。从原来专门从事教育的思想政治教育工作者（教师）到社会组织、新闻媒体等，扩展了主体规模。其次是内容呈现时代化。思想政治教育方法是彰显思想政治教育内容的外在形式，从过去的突出政治引领到现在的注重主体需求，内容呈现生活化、时代化气息。

大数据时代更加注重思想政治教育的政治性，思想政治教育方法也应与时俱进，在政治教育与主体需求之间寻找契合点。最后是载体的创新性。载体形式从传统的课堂载体根据时代的变化逐步丰富为文化、活动、网络载体等，在创新的过程中越来越注重载体的协同作用。另一方面表现为技术性。技术性是指互联网、大数据、云计算等新技术运用于方法全过程，推动网络信息技术和思想政治教育方法的深度融合，这是区别于传统思想政治教育方法的重要特征。

五、大数据时代思想政治教育方法优化的维度

（一）思想政治教育认识方法的优化

思想政治教育的认识方法是教育者在认识教育对象和教育环境的过程中采用的方法，由思想政治教育信息的获取方法、思想政治教育信息的分析方法和思想政治教育的决策方法三个部分共同构成，这三个部分又各自包含着许多具体方法。例如，思想政治教育信息的获取方法包括社会调查法、观察体验法等；思想政治教育信息的分析方法包括矛盾分析法、定性定量分析法等；思想政治教育的决策方法包括战略性决策、战术性决策等。在大数据时代，信息量的激增和数据类型的变化，无形中加大了教育者进行思想政治教育认识活动的难度。因此，教育者应通过融合和运用大数据技术，在思想政治教育认识方法这一维度上进行创新，从而更加全面、准确地认识教育对象和教育环境，为思想政治教育的实施提供保障。接下来主要对社会调查法、定性定量分析法的优化进行详细分析。

1.社会调查法的优化

社会调查法是了解情况、认识社会、解决问题的方法。社会调查法有助于教育者有效地了解大学生的思想行为情况，获取思想政治教育信息。在大数据时代，教育者可以通过以下途径实现社会调查法的优化。

（1）运用大数据技术全面收集大学生思想行为的数据信息

传统的社会调查法如抽样调查法、典型调查法等，一般是通过在全体大学生中按照一定的比例或方式，抽取部分大学生进行调查，从这一部分大学生的调查结果中推论出大学生整体的情况。这些方法操作简单，运用起来比较便捷，在思想政治教育调查中运用较多。但由于受技术和条件的限制，运用传统社会调查法对大学生思想行为的数据信息进行调查收集时，不管是对调查对象还是对调查对象的个人信息，往往存在着调查不够全面的情况，而且在调查对象的选择上也并非具有足够的代表性，导致调查结果的准确性得不到保障。若要进行较大范围的

调查或者需要对大学生个人进行全面的调查，则需要花费较多的时间，也需要投入大量的人力和物力，并且在整理调查数据时也存在一定的难度。在大数据时代，校园网络论坛、微信、微博、QQ 等各类社交平台或软件为大学生提供了表达诉求和发表言论的空间。在这些诉求和言论中，存在着大量大学生思想行为的数据信息。通过大数据的信息收集技术，教育者能在这些平台上全面、准确和快速地收集关于大学生日常学习和生活的各类数据信息，然后把所收集的数据信息存放在大学生信息调查数据库中。当教育者需要对大学生进行调查了解时，则可以在数据库中寻找调查问题所需要的信息。这不仅能使调查更加全面和充分，而且大大节省了调查的时间和成本，为教育者全面收集大学生的思想行为数据信息和全面把握其思想行为状况提供帮助。

（2）运用大数据技术深度挖掘大学生思想行为的数据信息

以往教育者在运用社会调查法时，对所收集的大学生思想行为数据信息一般只是进行简单的分析和处理，力求以较快的速度得出调查结果。但此时发现的问题和得出的调查结果多停留在问题和事情表面，若想要更深入和更进一步地了解问题的成因，则需要对数据信息进行深度的挖掘。通常教育者在利用完数据信息，得出调查结果之后，若想继续对数据信息进行二次利用，则存在一定的技术难度和条件限制。

随着大数据时代的到来，大数据的挖掘技术为教育者在全面收集大学生思想行为数据信息的基础上进行深度挖掘提供了可能。教育者通过大数据的挖掘技术，对存放在大学生信息调查数据库中的调查数据进行深度挖掘，提取其中有价值的信息，能发现其中潜在的、更深层次的问题，如大学生的隐性需求、大学生不良思想行为形成的原因等，从而更进一步地把握和了解大学生思想行为的状况，并可能发现以往没有掌握和不易被察觉的大学生的思想行为问题，使社会调查法起到见微知著的效果。例如，教育者通过对大学生在图书馆的借阅信息进行深度挖掘，能根据借阅书目了解到大学生的兴趣爱好，如果借阅书目中有较多关于心理方面的书籍，还能发现大学生是否存在心理方面的问题，从而及时给予其帮助。

此外，大学生信息调查数据库有助于教育者妥善地保存和管理调查数据，为深度挖掘大学生思想行为的数据信息提供保障。在全面收集大学生思想行为数据信息的基础上进行深度挖掘，有助于教育者发现大学生个体或群体没有被掌握和不易被察觉的问题，从而更进一步地了解大学生的具体情况，为更有效地解决大学生的思想行为问题提供帮助。

2. 定性定量分析法的优化

大数据分析方法最早应用于自然科学研究领域，主要用于对日益庞大和快速增长的数据信息进行有效分析与利用，从而解决以往分析技术所不能解决的计算分析问题。近些年来，大数据分析方法正在不断地向社会科学研究领域拓展，相应地形成了新的社会科学计量方法。对思想政治教育学科来说，大数据分析方法无论是作为新的研究方法，还是融合于定性分析和定量分析等传统方法之中，其首先要解决的都是如何提高对人的思想和行为进行定量分析的科学性，即大数据分析方法与定量分析方法的融合创新是首先要解决的难题。

（1）运用大数据技术提升定性分析法的科学性

定性分析法能帮助教育者有效地区分大学生各种思想行为的质的差异性，判定大学生思想行为的性质类型，使教育者能根据大学生不同的思想行为选择和运用不同的教育方法。但以往教育者在运用定性分析法时，主要依靠自身积累的知识和经验，通过观察、调查、访谈等形式，对大学生思想行为质的方面进行分析，发现其本质和规律。由于每一位教育者的知识水平、思维习惯、经验程度等主观因素都大不相同，因此，不同教育者对同一事物进行定性分析得出的结果也不尽相同，导致分析的结果难免具有一定的主观局限性，存在一定的偏差。在对大学生的思想行为进行定性分析时，由于大学生的自尊心和个性较强，他们会有意地隐藏和掩饰自己真实的想法和行为，给教育者的分析带来一定的困难和误导。

随着大数据时代的到来，在思想政治教育的过程中有越来越多的数据信息产生，使大学生的思想行为有了可量化的可能。定性分析法能通过融合和运用大数据技术，实现自身新的发展。接下来通过融合和运用大数据的收集、分析和处理技术，对教育者运用定性分析法的前、中、后三个阶段进行优化。

在教育者运用定性分析法的前期，通过大数据的信息收集技术，为定性分析法提供数据运用。通过运用大数据的信息收集技术对海量的大学生思想行为数据信息进行收集，尽可能地反映大学生思想行为的客观状况，同时通过定性分析法从中捕捉大学生思想行为的主观因素，形成"数据刻画＋质性研究"的定性分析方式。

在教育者运用定性分析法的中期，通过大数据的相关性分析技术，为定性分析法提供数据分析。通过运用大数据的相关性分析技术，发现并利用大学生思想行为数据信息中存在的相关关系，并通过定性分析法的质性研究加以辅助，预测大学生思想行为的发展趋势，形成"数据推理＋逻辑演绎"的定性分析方式。

在教育者运用定性分析法的后期，通过大数据的处理技术，为定性分析法提供数据展示。通过运用大数据的处理技术对大学生思想行为的数据信息进行可视化处理，形成大学生的"数据画像"，并结合教育者对大学生的定性描述，使定性分析的结果能更直观地展示，形成"数据展示＋直观描述"的定性分析方式。

融合和运用了大数据的定性分析法由以往注重教育者的主观经验判断转向注重研究对象的客观数据分析，利用客观数据的实证分析来优化教育者以往的主观经验，使定性分析法由经验主导向数据主导转变。客观、具体的数据使定性分析更加科学和严谨，提升了其客观性，有助于克服以往定性分析中存在的主观性问题。

（2）运用大数据技术增强定量分析法的准确性

定量分析使定性分析更加具体和准确，使教育者对大学生思想行为的认识不仅仅停留在对其性质认识的大体轮廓上，而是对其有更具体、更准确的把握。问卷调查、信息统计等传统的调查方式只能获取大学生思想行为的部分信息，进而通过局部状况推导出整体情况。基于部分推导整体的定量分析法并不能全面地反映大学生思想行为的整体情况，容易忽略其某些重要细节。每一位大学生的思想行为也都各不相同，有着不一样的成长轨迹。而传统的定量分析法一般是对大学生思想行为直观呈现出来的表面现象进行描述，导致定量分析的过程存在浅表化问题，缺乏一定的准确性。

在大数据时代，人们思想和行为的全面量化将成为可能，从数据信息中对大学生的思想行为进行量化分析也得以实现。教育者可以通过融合和运用大数据的信息收集技术和相关性分析技术，构建大数据量化收集模型和大数据量化分析模型，推动传统定量分析法的发展，有效提升其量化分析的能力，增强其"用数据说话"的准确性。

进行定量分析，需要有足够的数据资源作为支撑。通过融合和运用大数据信息收集技术构建的大数据量化收集模型，能对大学生思想行为的数据信息进行全面收集，形成一个专属的定量分析数据资源库，为定量分析提供充足的分析样本，有效解决在定量分析过程中出现的样本不全和不足的问题，为定量分析法提供全面、充足的分析样本。

提高量化分析的准确性，需要对数据资源进行深层次的分析。通过融合和运用大数据相关性分析技术构建的大数据量化分析模型，能对定量分析数据资源库中的数据信息进行相关性分析，发现大学生思想行为之间存在的相关关系，挖掘其中存在的价值，使定量分析法能对大学生的思想行为进行更深层次的分析，实现精确化的描述。融合和运用了大数据技术的定量分析法能对大学生的思想行为进行更全面和更具体的分析，使分析结果更具完整性和真实性，并增强了准确性。

（二）思想政治教育实施方法的优化

思想政治教育的实施方法，也叫思想政治教育的工作方法，是教育者与受教育者在教育过程中所共同采用的方法。根据实施方法的作用，可以将其分为基本方法、通用方法、特殊方法和综合方法四个部分。基本方法包含理论教育法、实践教育法等；通用方法包含疏导教育法、比较教育法等；特殊方法包含预防教育法、冲突调解法等；综合方法则是把各种教育方法进行协调整合。思想政治教育的实施方法是其认识方法向实践的发展，面对不同的教育对象和教育环境，教育者要根据具体情况，选择和运用不同的实施方法，以提高教育的针对性和有效性。

大数据时代的到来使教育环境变得更加复杂，大学生的思想行为也愈显个性化和多元化，教育者在把握大学生思想行为的发展趋势上存在一定的难度，也较难满足大学生多样化的个性需求。因此，通过融合和运用大数据技术，在思想政治教育实施方法这一维度上进行创新，能有效地预测大学生思想行为的发展趋势，为大学生构建虚拟的实践教育平台，丰富和优化其实践活动的选择，使教育者能更有效地对大学生进行思想政治教育。接下来主要对预防教育法、实践教育法的优化进行详细分析。

1. 预防教育法的优化

（1）运用大数据预测进行普遍预防教育

大数据时代的到来，为思想政治教育带来了新的契机。大数据预测能将其优势与思想政治教育的实际有机结合，提高思想政治教育的前瞻性与针对性。大数据预测能在网络舆情预警、心理危机干预、教育效果预估、超前服务预备等方面发挥积极的作用。当前，应切入大数据思维拓新思想政治教育理念，根据大数据时代要求建设思想政治教育队伍，统筹大数据资源优化思想政治教育环境，积极创造大数据预测在思想政治教育中的应用条件，推动思想政治教育与时俱进、不断创新。大数据预测正在越来越多的领域发挥作用，成为促进科学决策、助推企业生产、改善政府管理等的新兴动力。

随着大数据时代的到来，大数据的信息收集技术能全面、及时地获取大学生思想行为的数据信息，为教育者预测大学生思想行为问题的发生提供可能，也优化了传统的预防教育法。教育者通过对所获取的大学生思想行为数据信息进行相关性分析，预测每一位大学生思想行为的发展趋势，合理把握大学生整体的思想行为状况，进而能有效地对大学生进行思想政治教育，提升教育的整体效果。因此，教育者应充分发挥大数据的预测功能，对于大学生存在的思想行为问题或即将发生的不良思想行为，及时采取有针对性的措施对其进行引导和教育，把影响大学生成长成才的苗头性问题消灭在萌芽之中。

（2）运用大数据预测进行重点预防教育

运用大数据预测进行重点预防教育是指基于大数据的预测功能，对重点关注的大学生可能发生的思想行为问题以及大学生在关键时期可能出现的错误倾向进行及时预防和教育，避免不良情况的发生。

一方面，大数据时代存在着海量的信息资源，大学生可以根据自身喜好、价值取向选择不同的信息资源进行学习，这在一定程度上加大了大学生个体之间的个性化和差异化。对于重点关注的大学生，其思想行为的变化可能会更加复杂，因此教育者需要通过大数据的预测功能对其进行重点预防教育，提高教育的针对性。另一方面，大学生在关键时期出现的思想行为问题一般需要格外重视，因为这类问题对其自身的影响比较大，也会对大学生思想行为的整体氛围造成一定的影响。因此，及时发现重点关注的大学生思想行为的变化以及在关键时期可能出现的思想行为问题，采取有针对性的教育方法，做好重点预防和教育工作，是保障教育平稳运行的重要举措。

教育者通过大数据的信息收集技术对需要重点关注的大学生思想行为的数据信息进行全面收集，并通过大数据的信息追踪功能时刻关注其思想行为的变化，能够及时掌握其思想行为动态，为其事先准备有针对性的教育方法和教育内容。而教育者通过大数据的信息检测功能，对存在异常和波动的大学生思想行为数据信息进行检测，能及时发现大学生在关键时期出现的思想行为问题，从而迅速采取有效的措施进行应对。这在一定程度上提升了传统重点预防教育在发现大学生思想行为问题上的效率，增强了重点预防教育的实效性。但教育者也不应完全依赖大数据的预测功能来对大学生进行思想政治教育，因为大学生是鲜活的人，某些主观性较强的问题是大数据技术难以准确把握的。教育者只有把自身的主观经验和大数据技术结合起来，才能更灵活、更有效和更实际地采取有针对性的教育方法来对大学生进行思想政治教育。

2. 实践教育法的优化

（1）运用大数据技术构建虚拟实践教育平台

虚拟实践是指以数字化符号为中介的计算机网络空间，即虚拟空间的实践。

虚拟实践之所以具有实践功能，是因为人们运用虚拟技术，能够在网络空间中有目的地、能动地改造和探索虚拟客体。虚拟实践与现实实践相比，开展的成本更加低廉，不受现实条件的限制，能随时随地地对大学生进行实践教育，扩大和丰富了大学生实践教育的空间和场合。以往的虚拟实践虽然在一定程度上弥补了现实实践的不足，但由于可利用和能选择的教育资源相对较少，缺乏一个虚拟实践的教育平台，尚未发挥出其最佳的教育效果。

在大数据时代，通过运用大数据的数据虚拟化和数据可视化功能，将现实的实践活动进行虚拟化处理，以补充和丰富虚拟实践活动，并通过数据可视化的形式，将虚拟实践活动进行线上呈现，以此构建出一个虚拟实践教育平台。虚拟实践教育平台内含丰富的教育资源，能为大学生提供丰富的虚拟实践活动。大学生可以在此平台上广泛和充分地进行虚拟实践活动，使自身的思想道德水平得到提高。当大学生在此平台上进行虚拟实践活动时，教育者可以了解和观察到大学生思想行为的现状和动态，更有效地对大学生进行思想政治教育、服务和管理。大学生是网络的原住民，其对融合了科技、网络等形式的教育方法比较感兴趣。在虚拟实践教育平台的构建上，教育者可以根据教育的目的和大学生的需求，有选择和有目的地进行构建或者随时进行更换和调整，构建一个符合大学生实际需求和发展水平的虚拟实践教育平台，以大学生喜闻乐见的方式对其进行教育，使虚拟实践活动更具灵活性、趣味性和针对性。虚拟实践教育平台进一步丰富和完善了以往的虚拟实践活动，更有效地对大学生进行虚拟实践教育。但在进行虚拟实践时，教育者需要注意的是，虚拟实践要以现实实践为基础，两者相互结合才能发挥出实践教育法的最佳效果。

（2）运用大数据技术优化实践活动的选择

不论是开展虚拟实践活动，还是开展现实实践活动，教育者都需要为大学生选择合适的实践活动来对其进行实践教育，大学生也需要根据自身实际选择适合自己的实践活动进行参与。但不论是教育者还是大学生，两者在实践活动的选择上由于缺乏大数据技术的支持，难免会缺少一定的针对性。运用大数据技术能有效地对两者实践活动的选择进行优化，使大学生在实践活动中获得更有效的发展。

在大数据时代，大数据的信息收集技术能对大学生思想行为的数据信息进行全面收集，使教育者对大学生的性格特点、兴趣爱好、职业发展等情况进行全面了解，进而更有效地把握大学生的整体情况，更充分地了解大学生的具体需求，为大学生选择更合适和更有针对性的实践活动提供可能，从而优化了教育者的实践活动选择，弥补了以往教育者在实践活动选择上不够准确的问题。

大数据的信息收集技术能获取和记录大学生在以往的实践活动中留下的数据信息，并通过大数据的分析技术从中把握大学生具体的参与情况，帮助大学生对自己参与的活动以及自身参与的情况有所了解，使其对下一次实践活动的选择更有针对性和目的性。

此外，教育者可以通过虚拟实践教育平台向大学生提供虚拟和现实的实践活动，并通过大数据的信息收集技术对大学生思想行为的数据信息进行收集和储存，在虚拟实践教育平台上建立大学生的个人信息档案。当大学生在虚拟实践教育平台上选择实践活动时，教育者则可以运用大数据的分析匹配功能，将该活动与大学生的个人情况进行分析匹配并进行可视化处理，显示出匹配值，给出相应的实践建议。若匹配值较低，则为大学生推荐其他实践活动，从而减少大学生因对实践活动认识不足而盲目选择的问题。

（三）思想政治教育调节方法的优化

反馈调节既是思想政治教育的一个环节，又是进行思想政治教育过程管理的一种方法。在思想政治教育过程中，反馈调节是进行管理和调控的必要手段，其核心思路是调整与优化。思想政治教育的反馈调节，就是以信息反馈为手段，调节思想活动机制，修正思想动机，进而引导人的行为，以实现思想政治教育目标的活动。人的思想是一种比较稳定的认识成果，是在内在心理和外在环境共同作用下形成的，因此思想是可以引导和改造的，通过人的日常行为表现，就可以观察其内心世界。思想政治教育反馈调节的目的就是通过审视人的行为表现，探究教育对象的精神特点，从而为实现教育目标服务。接下来主要对反馈调节法、检测评估法的优化进行详细分析。

1.反馈调节法的优化

（1）运用大数据技术提高信息反馈的质量

思想政治教育信息反馈对信息的质量有较高的要求，不仅要求信息反馈迅速及时，而且要求反馈的信息准确恰当。及时的信息反馈能让教育者迅速地发现和解决大学生在思想政治教育过程中存在的问题，而准确的信息反馈是确保思想政治教育向着正确方向发展的重要前提。

在大数据时代，通过对大数据技术的有效融合和运用，能有效保证信息反馈的准确性和及时性。一方面，大数据技术的高速处理能力能及时地对需要反馈的信息进行收集并推送到教育者手中，使教育者能第一时间接收到信息反馈，及时了解到大学生思想行为的状况，解决了信息反馈中存在的即时性不强的问题。另一方面，大数据的信息收集技术能全面收集大学生思想行为的数据信息，并在此基础上进行数据筛选和数据分析，剔除无用的信息，留下大学生最真实、有用的信息，进而为每一位大学生建立信息档案，使信息反馈更加准确。教育者能通过信息档案更全面和更清晰地了解每一位大学生的具体情况，而不用在海量的大学生思想行为数据信息中逐一筛选。这样一来，既保证了信息反馈的及时性和准确性，又提高了信息反馈的质量，使教育者能有效和迅速地发现和解决大学生的思想行为问题，从而提升教育的效果和质量。

（2）运用大数据技术改进反馈调节系统

思想政治教育反馈调节系统有助于教育任务的完成，为教育者提供正确的决策依据。反馈调节系统主要可以分为纵向反馈调节系统和横向反馈调节系统两大类，不同类型的反馈调节系统反馈不同类型的信息，发挥不同的调节功能，形成纵横交织的信息反馈渠道。在对大学生进行思想政治教育的过程中，反馈调节系统也有不同的表现并发挥不同的功能。纵向反馈调节系统主要在高校中不同层次、不同级别的职能部门或教育者之间进行反馈调节，形成上下联动的工作合力，确保教育向正确的方向发展。横向反馈调节系统主要在高校中同层次、同级别的不同职能部门或教育者之间进行反馈调节，形成相互配合的教育合力，保证教育任务的完成。纵向反馈调节系统有助于保障思想政治教育活动的有序和顺利开展，但容易出现信息传达不及时或落实不到位的情况。横向反馈调节系统有助于动态、及时地反馈信息，但教育者之间容易形成信息反馈壁垒或各行其是。

在大数据时代，教育者可以通过大数据平台将纵向反馈调节系统和横向反馈调节系统相互联通、相互结合，形成一个全方位、多层次、动态化的反馈调节系统。一方面，通过大数据技术高速的传输功能，能够提高纵向反馈调节系统信息传达的效率，并且通过大数据技术的信息检测功能，能够查看反馈调节的落实情况；另一方面，运用大数据处理技术整合信息资源，能够打破横向反馈调节系统教育者之间的信息反馈壁垒，使他们相互配合、取长补短，发挥出各自的优势，更有效地推动思想政治教育的实施。

2. 检测评估法的优化

（1）运用大数据技术完善检测评估的指标

思想政治教育的过程和效果如何，需要有完善的评估指标对其进行衡量。完善的评估指标是指导评估工作正确开展、客观描述评估对象以及提高评估效果的有效保障。在以往实际的检测评估工作中，评估指标的设定受评估者个人的经验、知识和情感等因素的影响，存在一定的主观性，并且由于评估指标的设定需要一定的流程和烦琐的计算，在缺乏数据技术的支持下，仅靠教育者自身的主观经验来对评估指标进行设定可能存在一定的模糊性，使评估工作难以做到准确评估和突出评估内容的重点。

大数据技术的出现使检测评估指标的设定得到技术的支撑，变得更加客观、合理和有效，提高了检测评估的准确性。评估者应依托大数据的处理技术，对大学生思想政治教育的过程、状况和效果进行量化处理，对其中的数据信息进行收集和分析，为设定评估指标提供参考。评估者也可以在此基础上通过大数据的数据运算功能精准地为每一项评估内容设定明确、具体的评估指标，不再因为烦琐的计算而使评估指标变得不明确，使评估指标具有一定的指向性，克服评估工作因缺乏重点而面面俱到的问题。融合和运用大数据技术对检测评估指标进行完善，能够使其更加客观、合理和有效。

（2）运用大数据技术改善检测评估的过程

进行思想政治教育的检测评估，需要教育者根据一定的教育目标，采用合适的评估方法和标准，对思想政治教育的过程和效果进行检查和评定。在检测评估的过程中融合和运用大数据技术，有助于使检测评估更加客观、科学和全面。首先，将大数据的分析技术融入检测评估的过程，对检测评估的全过程进行量化分析，根据分析的结果采取有针对性的评估方法来对评估对象进行检测评估，使检测评估的过程更加客观。其次，借助大数据的信息追踪和动态分析技术，实时记录大学生在网络和现实生活中产生的各种数据信息，及时地对这些数据信息进行分析并用以辅助检测评估工作，使检测评估重结果的同时更重过程。最后，教育者通过大数据的信息收集技术全面收集评估对象的数据信息，并对每一位评估对象进行深入分析，能够发现不同评估对象之间的差异，使整体评估更加具体，使检测评估在注重整体情况的同时，也能兼顾不同的评估对象。

六、大数据时代思想政治教育方法优化的策略

（一）推进思想政治教育方法的内涵建设

理念先行是创新思想政治教育方法的前提，也是方法内涵建设的重要方面。所以教育者需要转变思想，创新工作理念，准确把握思想内容，改变传统观念；树立新媒体思维，坚持传播主流价值，培养创新意识；强化主体间的平等互动，增强阵地意识。

1. 把握思想内容

教育者应准确把握思想内容。思想内容是思想政治教育的核心要素，也是思想政治教育方法所蕴含的价值信息。思想内容涉及社会意识形态和道德规范、教育对象实际情况和思想政治教育环境特点，其本身的学理性关乎思想政治教育有效性的发挥。所以教育者要准确把握思想内容，坚定马克思主义的立场，践行社会主义核心价值观，改变传统观念，树立新型理念。

第一，思想内容必须合乎真理性，坚持马克思主义的立场。思想政治教育工作者要坚持以中国特色社会主义实践为内容，坚持实事求是、理论联系实际的原则，把握整体性，坚守理论自觉，自觉用唯物辩证法防范化解风险；同时要善于提炼问题，选择合适的文本和话语，精准设置内容课程，既要坚持无产阶级的阶级立场，又要坚持以人民为中心的政治立场，自觉抵制颠覆我国政治制度的行为，厘清"普世价值"、历史虚无主义等错误社会思潮，警惕"马克思主义庸俗化""去意识形态化"等错误倾向。

第二，思想内容必须坚守政治性，培育社会主义核心价值观。政治性是指思想政治教育所坚持的政治取向，主要包括三个层面：在宏观层面上表现为政治意识形态性；在中观层面上表现为政治价值观；在微观层面上表现为人生方向性。基于此，教育者需要将政治意识贯穿思想政治教育的始终，加大精神性内容的供给，增加社会主义核心价值观内容的比重，科学设置内容序列，自觉贯彻国家意志。同时要注意内容的时效性，必须以国家政策、社会实践以及教育对象的思想行为变化为依据，统筹思想、政治、道德、法治等多个层面的内容，在师生互动、思想交流中发挥价值培育的功能。

第三，思想内容必须具有针对性，树立"学生为本"和"学科互涉"的教育理念。"学生为本"的教育理念强调将学生作为教学活动的主体，在强化育人目标的过程中，遵循大学生成长成才的规律开展教育实践活动。这就要求教育者在开展理论教育和实践教育之前深入大学生主体，进行深入调研，准确把握大学生的心理变化和行为期待，为教学活动奠定基础；同时要求教育者将社会发展的客观需求与学生自身素质提高的主观需要紧密结合，注重人文关怀和学生体验，努力摆脱自圆其说、自问自答的尴尬境遇。此外，新媒体技术的应用使学科交叉成为可能。所以在思想政治教育方法运用的过程中要树立"学科互涉"的教育理念，就是要树立、培养多学科的思维方式，教育者需要在思想政治教育实践中借鉴、吸收和融合其他学科的方式与手段，以促进思想政治教育方法的发展。

2. 培养创新意识

思想政治教育的特殊使命决定了它与其他课程的必然不同，兼具了六个方面的任务：理论教育、政治教育、思想教育、道德教育、能力教育、心理教育。思想政治教育是促进学生全面发展、培养学生综合素质的最佳平台。目前，创新意识的培养也成为思想政治教育的核心目标，因为中国特色社会主义理论体系本身就是一个处处体现创新意识的马克思主义的活教材，学好这样的知识内容自然要求培养学生的创新意识。另外，实现德育的主要渠道就是思想政治教育，它对塑造学生健全人格、培养学生健康心理素质具有重要作用。因此，思想政治教育有利于为学生进行积极的思考和探索提供源动力，有利于对学生创造性人格的培养，从而激发学生的创新意识和创新精神。培养创新意识必须做到以下几个方面。

（1）遵循创新思维，积极求变

在思想政治教育方法创新过程中，教育者要不断树立问题意识，加强话语层面、传播层面、实践层面的问题探究，积极求变。第一，教育者应自觉使用新媒体的话语体系，选用新颖、短小的内容贴近大学生主体的生活，提升教学语言的人情味、艺术化，对思想政治教育进行有温度、接地气的人性化传播；同时注重教学语言的转化，突出语言的幽默性、流行性、时代性，发挥方法内在的理论价值，切实让思想政治教育从抽象理论转变为现实的社会行动。第二，教育者应创新思想政治教育方法的传播渠道，推进媒体深度融合，促进"官方舆论场"和"民间舆论场"的良性互动，提高传播的互动性，增强网络意识形态的凝聚力。

（2）遵循主动思维，主动设置议题

一方面，高校思想政治教育工作者应当充分把握新媒体传播规律，自觉运用议程设置功能，主动设置、引导政治议题，并充分考虑大学生的认知水平，仔细研判网络舆情，宣传主流价值观念，引导大学生形成正确的价值观，增进对社会主义意识形态的认同感，在网络空间抢占引导先机。另一方面，高校思想政治教育工作者应当主动运用新媒体技术，聚焦育人价值、文化价值等，契合大学生的成长发展，实现主体性和主导性的有机统一。

（3）遵循用户思维，做出优质的思想政治教育产品

新媒体思维的价值体现在用户导向，注重用户体验，所以教育者在思想政治教育方法的产品制作、运用过程中要使学生获得良好的学习体验，尽可能满足学生的功能性需求和情感性需求。同时要尊重多元主体需求，转变思想观念，进行深度合作、资源整合，建立标准化、一体化的宣传教育信息共享智库体系。

3. 增强阵地意识

教育者应强化主体间的平等互动，增强阵地意识。主体间互动是指在思想政治教育方法运用的实践过程中双主体（教育者和受教育者）之间的互动关系。这种主体间互动能够增强教育者的角色威信，增强教育互动中的感染力。所以教育者要加强主体间的平等互动，建构主体的"在场"状态。

（1）创设生活情境

教育者既要传授知识，又要注重受教育者的个性化发展。所以在课堂教学中，一方面，教育者要学会利用新媒体技术，努力构建教育主体、教学资源、新媒体技术等多种维度的协同模式，积极创设生活情境，引导学生在具体情境中客观分析社会现象，把握背后的理性精神。另一方面，教育者创设的生活情境要贴近学生实际。因为情境教学法本身就具备主体的互动性，思想政治教育工作者在设计情境的过程中要考虑主体的实际情况，关注学生的情感诉求，尊重学生的精神需要，实现思想政治教育的人性化。

（2）建设网络教学模式

新媒体平台以技术连接起教育双主体，使二者能够实现网络空间的"虚拟在场"。教育者应运用新媒体融合技术，建设网络教学模式，设置网络教学资料模块、视频课程模块和弹幕问答互动模块，深入大学生的线上生活，让大学生通过弹幕互动、在线交流等方式，表达利益诉求和价值困惑。教育者还应强化主体间的平等互动，共建共享网络社区，让技术真正为课堂服务，构建良性课堂生态。

（3）增强阵地意识

思想阵地是加强思想政治教育工作的基本依托。高校应当鼓励教育资源共享，开通新媒体阵地，融入学生的生活，形成强大合力。一方面，高校要构建新媒体矩阵，利用新媒体媒介形态融合和空间传播即时的优势，实现新媒体矩阵与课堂教学的深度融合。另一方面，高校要完善新媒体平台体系，增强系统化思维。高校应当进行战略部署，探索与完善平台体系建设，发挥校园媒体的传播功能，激发社会媒体的活力，展现新媒体矩阵的能动性，形成融合发展的高校新媒体矩阵平台，使教育资源实现静态向动态转换。

（二）加强思想政治教育方法的主体队伍建设

近年来，高校改革和发展比较快，思想政治教育工作不断取得新的进展，主体建设进一步加强，总的趋势是好的。但是，在新旧体制转换的过程中，新情况、新问题层出不穷，一些高校在开展思想政治教育活动的过程中也存在很多问题。

这些问题无不表明，加强和改进主体队伍建设至关重要。

1. 提高思想政治教育主体队伍的媒介素养

思想政治教育主体需要有效运用方法，才能使方法真正对学生产生积极影响。

首先，要提升多元传播主体"参与式行动"的媒介素养。因为思想政治教育主体具有身份上的多层次性，所以需要对各类群体进行话语赋权，既要鼓励大学生积极参与话语建构，也要发挥正能量作用；既要鼓励新闻媒体人握紧"麦克风"，弘扬主旋律，也要激发不同领域的专家学者进行专业引领。

其次，在思想层面，要提高不同群体对媒体信息的阅读与分析能力。高校应深入研究不同媒介的运行机制、表现形式、传播规律，认真分析传统媒体与新兴媒体的关系，网络空间、现实空间和社会空间的关系，确保思想政治教育主体能够保持客观的态度分析各类信息，提升对媒体信息的分辨能力，推进新媒体技术融入思想政治课教学，创新教育方法，达到预期目标。

最后，在技术层面，要提高对新媒体技术的应用能力。高校要加强对思想政治教育主体的专业化、网络化的职业培训，使其能够自觉分辨与过滤媒体信息，自觉运用新媒体技术来研究、判断、传播信息；同时考核他们对新媒体技术的运用情况，培养一支政治素养高、媒介素养优和技术能力强的复合型新媒体思想政治教育人才队伍。值得注意的是，在利用新媒体技术，"向技术学习"的过程中，不能过度依赖媒介资源与新媒体技术，应找准新媒体技术与思想政治教育方法的结合点，防止过犹不及。

2. 激发思想政治教育主体的主体性

思想政治教育主体的主体性是以大学生的全面发展为目标，强调的是充分发挥教育者和受教育者的主体地位。因此，在实际过程中，需要把握以下几点。

（1）平等交流是激发主体性的前提

思想政治教育主体之间是一种共在共享的关系，这种共在共享的关系尤其表现在网络空间中。新媒体的空间开放性和主体交互性赋予了个体在社会实践活动中的自主权和平等交流权，完成了对思想政治教育主体的主体性的扩展。这集中表现为主体的选择自主、参与自由、价值自觉。所以思想政治教育主体要树立共同体意识，坚持以人为本的理念，实现人格平等，充分发挥能动性、创造性，在坚持自我认同和社会认同的统一的基础上，形成平等互助、目标一致、团结协作的良性关系，以达到过程主体化、方法人性化的目的。

（2）互动交往是激发主体性的路径

新媒体虚拟空间为思想政治教育主体的互动交往提供了点面结合的扁平化空间。思想政治教育主体可以在此空间中通过对话的方式进行思想和精神交往，自觉筛选、提取、更新有效信息，从而完善自身的思想内容和知识结构；同时对话时要在遵循真诚沟通、用心交流、积极互动的原则的基础上进行常态化、规范化的互动。

（3）话语体系是激发主体性的保障

话语既是一种表达工具，也能彰显价值认同。所以激发思想政治教育主体的主体性需要利用网络，了解其在社会热点事件、意识形态认同等方面的话语表达和价值诉求，积极融合生活话语、理论话语、网络话语，增强话语的感召力，从而有效建构起思想政治教育话语体系。

3. 增强思想政治教育多元主体的协同力

协同是指多主体、多要素在目标一致的基础上开展的多层次的行动协作。增强思想政治教育多元主体的协同力实际上就是要优化主体要素，运用协同思维系统分析推进思想政治教育现代化。为此，要做到以下几点。

（1）实现身份认同

根据职能的不同，多元主体可以分为管理主体（过程的管理者和监督者）、实施主体（活动的直接发动者和实际承担者）、接受主体（活动所指对象）和支持主体（资源提供者和服务者）。各类主体应当找准自身的价值定位，树立一致的目标，建构行为规范，寻找自身身份的心理归属感，增强身份认同感，提升行动的能力。

（2）树立协同意识

不同主体的功能价值、行动偏好等存在差异，要想发挥多元主体的协同作用，首先要做的就是树立协同意识，培育多元主体的公共精神。这种公共精神体现了主体在共同体生活中自觉参与空间建设和承担社会责任，进而实现公共性与个体性的统一。所以需要培育思想政治教育多元主体的公共精神，让各类主体清晰认识到主体要素之间是相互联系、不可分割的关系，单个主体思想与行为的改变会影响其他主体的功能实现，同时要切实考虑到其他主体的实际需求，运用好技术、教育、传播手段，将主体之间的协同合作落到实处。

（3）构建多元主体协同模式

思想政治教育主体包括政府、社会、高校、教师、学生等，因此应构建多元主体协同模式。这种协同模式一方面表现为资源协同。也就是将图书资源、社会组织资源、课堂教学资源、学生信息资源等不同性质、不同主体的资源在网络空间中进行协同，并通过平台、机制等的建设实现优质资源的共享、共建和协同。另一方面表现为组织协同。应切实构建家校合作、校企合作、高校合作、社区合作、科研机构合作等，形成"政、产、学、研、用、介、投"多方协同的创新模式，整合创新力量，优化生态系统。

（三）促进思想政治教育方法的平台建设

1. 加大课程研发，建立精品课程网络平台

第一，利用"平台"做乘法，系统整合信息资源。思想政治教育工作者应从信息传播的终端出发，舍弃内容质量不高、重复性高、访问量低的平台，重点建设内容含金量高、吸引力强、形式新颖的优势平台。

第二，打造特色的思想政治教育学习平台。在大学生的学习生活方面，思想政治教育工作者可以通过开发特色 App，开设思想政治微课堂，积极创设点播式教学平台，使大学生自觉、主动地选择学习内容、学习类型。同时，思想政治教育工作者需要在不同平台推进新思想的传播，将思想政治微课堂同社会大课堂结合起来，巩固壮大新媒体时代的主流思想舆论。

2. 构建可视化课堂，实现虚实相接

虚拟空间的思想政治教育方法是对物理空间的思想政治教育方法的补充与支撑，二者之间需要进行双向互动。因此，思想政治教育工作者应充分利用 VR 教学、虚拟展览等虚拟场景，对思想政治教育文本进行情景化、特色化制作，使用户全方位、身临其境地进行视听体验，切实提升教育效果。VR 教学是顺应全媒体发展需求以及学生的认知水平、学习方式变化的新兴的教学形态，具有时代性和便捷性，思想政治教育工作者要充分利用三维虚拟仿真的多场景 VR 资源，通过技术研发实现从文本到情景的智能化切换。

3. 实现精品课程校本化

除了 VR 技术的加持，思想政治教育工作者还应当注重课程开发，根据本校学科特色推进国家精品课程校本化，需要在课程内容、方式、语言的选择与运用上下功夫。一方面，思想政治教育工作者要善于使用学生喜闻乐见的方式，利用新媒体技术丰富思想政治教育方法的表现形式，通过微电影、多媒体动画、课件等手段，开展理想信念教育、爱国主义教育、道德品质教育等，增强思想政治教

育课的感染力，提高教育内容的质量，彰显情感关怀，以更好地实现立德树人根本任务。另一方面，思想政治教育工作者要积极加强实践教育。比如，在组织大学生参加的志愿活动和"三下乡"社会实践活动中，思想政治教育工作者可以将理论知识渗透到实践教学中，使得思想政治教育方法可以"接地气"，全时空、全身心、全方位地引导学生的成长。

第四节　大数据时代思想政治教育平台搭建

一、搭建思想政治教育网络教学平台

依托大数据技术搭建思想政治教育网络教学平台，有利于扩大思想政治教育的覆盖面，提高思想政治教育的影响力。要想搭建思想政治教育网络教学平台，首先要建立思想政治教育的教学资源数据库，其次要开发融合型学习平台。

（一）建立教学资源数据库

在大数据时代，高校思想政治教育的内容和教育方式必须依托大数据的技术特征和传播优势，才能传播优质的思想政治教育内容，从而满足大学生多样化的需求。为了提高思想政治教育的针对性，高校思想政治教育工作者可以根据大学生的思维方式、生活习惯、价值取向等特征，开展有针对性的思想政治教育。因此，高校有必要利用大数据技术建立一个思想政治教育的教学资源数据库，为思想政治教育工作者提供全方位的教学信息，从而提升教学效果。

建立强大的教学资源数据库，是利用先进的信息传播技术，为高校思想政治教育提供教学资源。高校应将国家的方针政策、会议文件等整理并储存在数据库中，同时还需要贴近大学生的日常生活，收集、整理人们关注的焦点和热点话题，从这些数据信息中挖掘思想政治教育的意义。高校建立思想政治教育的教学资源数据库，还能够实现教学信息的精准化，从而为大学生提供个性化的教育服务。高校可以利用5G技术快速收集大学生的各种具体信息，并对所收集的信息进行详细、精准的分析，从而预测出大学生的兴趣爱好、思想情况等。在更新高校思想政治教育教学资源数据库的同时，也推动数据库朝着更加智能化、现代化、专业化的方向发展，才能为高校思想政治教育网络教学平台提供更丰富的教育资源。

（二）开发融合型学习平台

大数据时代的到来，不仅改变了信息传播的媒介形态、传播渠道和传播载体，也对人们获取信息的方式和行为产生了巨大影响。高校思想政治教育只有借助媒介的融合趋势，不断创新思想政治教育载体，才能与时俱进，永葆生机活力。创新高校思想政治教育载体，可以将思想政治教育信息传播与输出的终端进行融合，开发融合型的思想政治教育学习平台，从而传递内容，丰富思想政治教育方式，抢占高校思想政治教育的新阵地。

当前，思想政治教育工作者可以从建立好的教学资源数据库中获得丰富的教育信息，将思想政治教育内容与教育信息有效融合，利用信息的输出终端进行线上教育。一方面，高校开发思想政治教育融合型学习平台，有利于全方位地了解大学生的思想状况、实际需求，从而提升思想政治教育的工作效果。同时，抢占高校思想政治教育新阵地，可以从一定程度上摆脱传统教学平台的束缚，促使高校思想政治教育载体得到创新发展。例如，由国家中宣部推出的新媒体学习平台"学习强国"，实现了兼具理论学习、交流互动、突出核心等多功能，从而开辟了思想政治教育传播的新天地。另一方面，开发融合型学习平台也对高校提出了更高的要求，主要是技术上和管理上的要求。高校在积极探索如何开发融合型学习平台时，要坚持以学生为本的教育理念，要坚持以技术为先导支撑教育内容，要做到资源共享，这样才能真正地做到思想政治教育内容与平台的深度融合，进而节约人力和成本，最终提升思想政治教育的实效性。

二、搭建教育、管理、服务一体化微平台

在信息技术高速发展的大背景下，思想政治教育工作者应积极探究思想政治教育的教学模式，寻求技术与教育之间的结合，培养出有理想、有本领、有担当的时代新人。在这一时代要求下，构建新型的教育、管理、服务一体化的思想政治教育工作平台已成为思想政治教育新的时代任务。

（一）构建思想政治教育学科微平台

大数据具有容量大、速度快、种类多等特点，为思想政治教育资源集约提供了便利条件。高校可以充分发挥大数据的优势，为思想政治教育搭建学科微平台，成立微平台处理小组；将图书馆、餐厅、大学生事务中心等部门联合起来，统一调度，将收集的学生数据共享利用；充分营造思想政治教育工作氛围，打造全面服务大学生学习、生活的网络平台。

（二）组建微平台管理团队

部分高校缺乏专业的技术团队，需要引进及培养既具有思想政治教育理论功底且教学经验丰富，又掌握大数据技术的复合型人才。高校应组建专业的微平台管理团队，解决微平台出现的技术性问题，保证微平台的顺利运行。同时，对于学生反馈的微平台问题，微平台管理团队应及时进行处理及答复，真正地做到微平台服务学生。

（三）注重学生的个性需求，使微平台深入人心

要想实现微平台的效果，必须让学生真正地融入其中。高校应将大学生经常使用的沟通软件如微信、微博、QQ等与微平台绑定，切实收集学生的真实数据。与此同时，微平台的设计要符合大学生的真正诉求，提高趣味性和吸引力。微平台的教育资源要灵活微小，避免引起学生反感，提高学生对微平台的关注度。时代在不断变换，大学生的需求也不会是一成不变的，大数据时代的大学生需求更加多样化，以前的粗放式教学显然已经脱离实际，失去了实效性。因此，高校应为大学生打造多样化的服务教育，构建一体化的教育微平台来满足学生的需求。

三、搭建思想政治教育学科资源共享平台

思想政治教育活动是一个双向互动的教育活动，是教育者与教育对象相互交流、相互学习的过程。在这一过程中，教育者将自身的知识、思想观念、道德规范传授给教育对象，使教育对象将其转化成为指引自己行为和思想的世界观和方法论。正是由于这一过程不是单向的灌输，而是有目的、有计划的双向互动，这也成为思想政治教育的基本特点。大数据时代的到来，无疑为思想政治教育带来了很大的机遇。大数据思维具有信息开放共享的特征，能够使教育者获取大量的学生信息。教育者能够通过数据信息分析学生真实的思想状况，而其中数据资源的互通则是至关重要的。

（一）进行各学科之间的资源共享

现如今的思想政治教育不仅仅局限于课堂上，而是形成了一个"大思想政治"环境，因此思想政治教育工作者应挖掘各个学科之间的思想政治教育资源，让学生在潜移默化中接受思想政治教育，形成良好的教育氛围，从而开展不间断的思想政治教育。

（二）实现各大高校的联动

实现全国各大高校思想政治教育资源共享是我们的最终目标，因此迫切需要建立一个共享平台，这样不仅可以掌握更多大学生的数据信息，了解其特点并挖掘数据价值，还可以将学生"样本"数据变为"总体"数据，实现对学生调查的全面性，从而提升思想政治教育的针对性。各大高校之间的资源共享还可以帮助资源相对匮乏的普通高校，从而推动思想政治教育向现代化的方向发展。

（三）组建专业的资源分析团队

数据资源共享需要复合型人才作支撑，而组建一个专业的资源分析团队至关重要。专业的资源分析团队可以将海量资源进行整合分析，得出有价值的信息资源，以推送的形式呈献给各大高校，从而实现高校之间的信息联动。

第六章　大数据时代思想政治教育精准化发展

在大数据时代，思想政治教育精准化是顺应时代之需，是推进思想政治课教学"供给侧"改革、打造"思想政治名片"的必然要求。想要提高思想政治课的针对性，就必须努力做到精准识别教育对象、精准选择教育内容；想要增强思想政治课的亲和力，就必须精准把握思想政治教育方式，以此来提升思想政治教育的育人水平。对大数据时代高校思想政治教育的精准化研究，能够为思想政治教育的发展提供新视角，增强大数据时代思想政治教育的实效性。本章分为大数据时代思想政治教育精准化发展的价值、大数据时代思想政治教育精准化发展的策略探讨两部分。

第一节　大数据时代思想政治教育精准化发展的价值

一、提升思想政治教育的时效性

高校思想政治教育的精准化发展，能够有效提升思想政治教育的时效性。时效性指的是可以在特定的时间段内产生和发挥效用，它的关键特征在于"及时"和"有效"。思想政治教育工作者要把网络信息作为了解教育对象思想动态的切入点，通过多种渠道与教育对象形成信息交流对接，对教育对象在思想上产生的疑惑进行及时教育与疏导。这就要求大数据时代高校思想政治教育聚焦于教育的时效性方面，而思想政治教育的精准化正是对这一时代要求的积极响应和落实。

高校思想政治教育精准化的出发点和落脚点，始终都聚焦在教育教学的时效性上。思想政治教育精准化，缩短了教育链条，使整个教育过程变得更加精简，但是教育效果更加显著。基于教育现代化的飞速发展，云计算、互联网以及智能教学平台已然提高了整个教育过程的时效性，许多烦琐的需要脑力记忆与读取的信息实现了机器代替人力，并且其最大的优势就是更加便捷与高效。在思想政治教育精准化的过程中，教育者应该思考怎样制定更能贴合学生需求的教育目标，怎样设计契合学生成长规律的教学任务，怎样充分且有效地利用丰富的教学资源，怎样整合自身的教育实践数据与教育对象的学习实践数据并且在研究教育对象学情的基础上进行适时、及时的修正和调整，怎样利用大数据等技术手段帮助教育对象实现个性化学习，因人而异地给予教育对象适合自身的"私人定制"式的学习方案和资料。

在将大数据等技术作为驱动力的基础上，在高校思想政治教育精准化的具体实施中，传统的教育方式将被革新，教育者将拥有更加多元、可靠、系统且直观的教育信息，并且最重要的是可以对教育过程进行实时动态的修正与调整，向不同的教育对象提供具有差异化的"一对一"教育方案，从而落实"因材施教"的教育目标。教育者借助大数据追踪，能够凭借数据变化来精准研判教育对象的思想状况等信息，从而及时获得有效的信息反馈并对教育对象进行教育；还可以通过教育对象的思想波动情况预判其可能的行为，进而提前介入思想教育，有准备地采取应对之策，使得高校思想政治教育的时效性大大提升。

二、提升思想政治教育的针对性

高校思想政治教育的精准化发展，可以更好地提升思想政治教育的针对性。在大数据时代，以往"大水漫灌"形式的思想政治教育已然不符合不同学生的不同"口味"，很难实现"立德树人"的教育目标，因此，亟须提升高校思想政治教育的针对性，选择能够契合教育对象个性化需求的教育方式。

思想政治教育的精准化旨在通过借助大数据、智能算法等技术，思想政治教育工作者能够在精准分析学生的基础上，精准把握不同学生不同的学习进度、思想状况和学习方式，进而合理地为不同学生量身定制教育方案。此外，思想政治教育工作者要想提高思想政治教育的针对性，就必须在教育过程中做到精准反馈，适时恰当地调整教育方法，从而弥补过去在思想政治教育中仅凭个人经验处理问题和将问题模糊化的不足。

随着大数据时代的到来，今天的社会已经不再是单一、封闭的传统社会，信息化、多元化、多样化的社会环境造就了性格迥异、需求多样的思想政治教育对象。在大数据时代，大数据、云计算、人工智能等在思想政治教育领域"崭露头角"。在高校思想政治教育精准化的过程中，注重思想政治教育研究的个性化创新，可以拓展高校思想政治教育研究的广度、深度和厚度，形成线上和线下的双向互动的合力，在思想政治教育的各个领域、关键环节精准发力。在采集与解析教育对象的海量个体和群体信息的基础之上，思想政治教育工作者应将潜隐性的数据显性化，找到其背后的规律，以此为依据来研判教育对象的个体特征和个性化需求。在数据信息的真实反馈下，思想政治教育工作者能够见微知著地全面认识教育对象，并且能够对教育对象进行思想动态和学习轨迹的考察与预判，有充分的时间对影响教育对象的积极因素进行强化，对影响教育对象的消极因素进行有效且及时的干预，从而更好地提升高校思想政治教育的针对性。

三、提升思想政治教育的前瞻性

在"无网不欢"的网络时代，微信、微博、抖音、B 站等成为大学生消遣娱乐、获取信息以及交往互动的热门"阵地"。大学生作为互联网的"原住民"，在享受网络带来的便捷的同时，也习惯了互联网中资本运作的逻辑，部分大学生无选择地接受智能算法的信息"投喂"，不加分辨地汲取隐藏在娱乐背后的非主流文化。在瞬息万变的互联网时代，传统事后补救的思想政治教育工作方法已明显不再适应大学生思想行为变化多元的新特征与管理服务主动出击的新需要。而高校思想政治教育的精准化发展，提升了思想政治教育的前瞻性，为服务管理工作提供了超前防范的实践样本，助力思想政治教育工作者及时矫正学生的思想、行为或心理偏差，能够减少事后一些无法弥补的遗憾。

四、提升思想政治教育的科学性

高校思想政治教育的精准化发展，能够提升思想政治教育的科学性。科学指的是能够反映自然规律、社会规律以及思维规律的知识体系，科学性指的是需要超越和概括一般性的工作经验，从而得出规范性知识的特性。提升高校思想政治教育的科学性，就是要把握和遵循高校思想政治教育运行的客观规律，了解高校思想政治教育在新的历史条件下的动态变化与发展。

思想政治教育精准化旨在有效破除传统的经验主导教学模式的弊端，以教育教学中的海量真实数据为参考，革新思想政治教育的教学设计、教学实施和教学效果评价，促进线上教学与线下教学相互补充，实现全覆盖的科学指导。在以往的教学实践中，思想政治教育工作者向教育对象传递信息的过程中常常存在信息失真的问题，因此出现了思想政治教育工作者与教育对象之间信息不对称等问题。而思想政治教育精准化通过动态的信息反馈，能够合理减少信息传递过程中的中间环节，从而有效避免以往教学和管理中的认知偏差问题，使整个思想政治教育活动更加趋向科学化。

互联网和大数据技术的应用使高校思想政治教育从定性到定量、从经验到科学发生了迭代升级，如教学模式的灵活性就是对传统思想政治教育刻板化教学模式的突破与升级；教育服务的精细化使思想政治教育工作者更加了解每一个教育对象的动态；教学管理的科学化突破了传统经验判断和人工设计教学任务和工作的局限性。传统思想政治教育注重精准的因果关系分析，大数据技术则强调模糊性的相关性分析，放大各类事物、各种要素的关联范围，允许误差存在，以发现更为全面的外在联系与内在联系。为思想政治教育规律的因果研究提供经验材料支撑，正是大数据技术的优势所在。思想政治教育工作者通过大数据的相关性分析，对思想政治教育各要素间的因果关系进行大数据描述，能够使研究成果以量化的方式呈现，从而进一步推动思想政治教育的科学化，产生新的研究方法。以校园一卡通的使用为例，通过对大学生在日常生活中形成的相关数据进行分析，思想政治教育工作者不但能够清晰勾勒出大学生的日常生活轨迹，而且能够对其思想动态、兴趣爱好、道德状况、心理健康、政治素养等进行进一步的洞察。思想政治教育工作者通过运用大数据挖掘与分析技术，依据大学生的不同需求，运用教育大数据推动"学生画像""教师画像"与"精准管理"等功能的应用，可以精准帮助生活困难、学习吃力与存在心理问题的学生，进一步把握学生的需求和成长规律，从而推动学生全面发展与培养时代新人的思想政治教育目标的实现。

在大数据时代背景下，思想政治教育工作的供给主体结构日益合理、队伍日趋壮大，高校不仅形成了一批以辅导员、思想政治理论课教师、专业课教师、学生工作者为主体的专兼工作队伍，而且逐渐吸纳了计算机科学、管理学、行政学等多学科人才。首先，供给内容是关键。推进高校思想政治教育精准化必须处理好供给与需求的关系，利用大数据技术准确识别大学生的共性需求与个性需求，精准对接社会发展需要与学生现实状况，提供既具有针对性又不失科学性、既具有趣味性又不失思想性的供给内容。其次，供给方式是手段。随着新媒体的迅速发展，学校门户网站、官方微信公众号、官方微博等应运而生，供给方式逐渐多元化、便捷化、智慧化。供给方式作为连接供给内容与供给客体的桥梁，不仅要利用思想政治理论课、校园广播、公告宣传栏等传统方式，更需要利用现代化信息传播平台，拓展新的更为高效的供给方式。最后，供给环境是保证。环境空间是落实思想政治教育工作精准供给的场域，包括线上网络环境与线下校园环境等。在互联网时代，精准供给需要推进供给空间与场域的精准衔接，特别是注重线上与线下空间、课上与课下场域的精准协同。在大数据时代，精准合理的供给结构是实现高校思想政治教育精准化的必要条件，其中供给目标、供给主体、供给载体与供给内容紧密联系、有机统一，供给环境贯穿于各要素之中，构成一个协同运转的供给系统。因而，高校思想政治教育精准化，不仅有利于优化供给结构的基本要素，促进供给与需求的精准匹配，还有利于提升供给结构的科学性。

五、提升思想政治教育的系统性

高校思想政治教育工作并非分散运作、孤立无援的工作系统，而是内部各要素、各子系统紧密联系、相互影响、高度配合的工作机制。思想政治教育工作体系系统化就是从分散走向集中、从无序走向有序、从失衡走向协调的运作过程。在大数据时代，数据的海量性、碎片性以及多样性，虽然提高了育人工作的复杂性，但大数据技术在高校的精准运用，也促进了思想政治教育工作内部各要素的黏合，极大地提升了工作体系的系统性。

（一）提升了思想政治教育工作载体的系统性与互补性

高校思想政治教育课堂承担着马克思主义理论教育、中国特色社会主义教育、意识形态教育、思想道德教育、形势与政策教育等重要任务。在移动互联的网络社会中，育人对象的多元性、育人内容的理论性、育人环境的复杂性在一定程度上弱化了思想政治理论课灌输与教化的功能价值。但高校精准化的思想政治教育可以弥补"第一课堂"的缺陷和不足，利用大数据技术捕捉课程育人的漏洞，分析大学生在课程学习中的薄弱环节与课余时间的兴趣爱好，统筹推进形式多元、生动活泼的"第二课堂"，促进"第一课堂"与"第二课堂"的协同联动，提升思想政治教育工作育人载体的系统性与互补性。

（二）提升了思想政治教育工作平台的系统性与综合性

传统思想政治教育工作平台较为离散，学习通、爱课堂、雨课堂等教学平台，微信公众号、微博、抖音等资讯平台，教务系统、图书馆系统、后勤系统等管理平台，学习强国、"超星党建云"等党建平台各自独立运行、互不干扰。但高校思想政治教育精准化催生了一体化工作平台，将各个工作平台系统整合、有效链接，有利于推动育人、管理、服务工作的高效聚合与有机联系，提升思想政治教育工作平台的系统性与综合性。

（三）提升了思想政治教育工作组织的系统性、层次性与全员性

在大数据时代，大数据的流通共享与精准运用，不仅强化了高校党政部门、

宣传部门、学工部门、后勤部门以及各二级学院的交流与联系，促进了各部门协同育人格局的形成，还推进了辅导员、专业课教师、思想政治理论课教师以及学工管理人员的对话与合作，提升了高校思想政治教育工作组织的系统性、层次性与全员性。

第二节　大数据时代思想政治教育精准化发展的策略

一、隐匿特征显性化的精准采集

精准采集是高校思想政治教育精准化的第一步，也是基础部分，其关键在于将大数据技术与思想政治教育有机结合，通过技术手段发掘并呈现隐藏在事物内部的联系以及事物与事物之间的关联，也就是将数据的隐匿特征显性化。

（一）静态数据横向整合

信息时代下每个人每天的行为都会留下痕迹，这些痕迹通过视频、图像、文字等方式在不同媒介中被储存起来，迄今为止已经有了巨大的存量，这就是静态存量数据的产生过程。社会中众多行业都进行数据采集，整合并利用这些数据来为用户提供更精准的服务。在拥有足够庞大的数据和全面细致的样本之后，人们便可施以全方位的数据采集，这样既能够避免过去碎片式记忆和片段式思维所带来的问题，又能够从整体思维和宏观视角系统性地看待问题。

通过技术手段将大学生的课堂表现、师生交流、课后实践以及学习反思等环节的数据收集起来，就是静态数据的横向整合。从社会、学校尤其是思想政治教育工作者的视角来看，需要针对大学生的课堂表现、考试成绩、课后实践等环节进行数据采集，将以往容易忽视的数据着重体现在数据报告和学生的用户画像中。

一个具备大数据素养的思想政治教育工作者往往在脑海中有足够的存量数据，也就是在多年的教学工作实践与持续学习中积累的思想政治教育教学内容与实例。在教育教学数据采集后，思想政治教育工作者就可以根据这些存量数据进行高校思想政治教育精准化的具体实践。例如，学生的用户画像包含了"课堂积极发言"，但成绩维度却仍然没有很大起色，这时思想政治教育工作者就应该及时关注，通过平等交流的方式与学生沟通课后任务的完成情况，并适当地给该学生布置一些实践练习，将课堂所学与学生的生活实际相结合，通过多种方式使课堂吸收达到更好的效果。这体现了具备大数据素养的思想政治教育工作者在日常教学活动中注重数据深层的隐匿信息以及内容输出坚持服务育人的教学理念。

　　数据采集本身就是从一堆看似无关的变量和维度中，找出其内在的关联性和整体性，从这些静态数据中找出难以简单建立关系的隐匿信息和潜在问题，具体问题具体区分、处理和对待。对于良性信息，思想政治教育工作者要及时发现并表扬，使学生及时地获得认同感；对于一些潜在的问题，思想政治教育工作者要及时发现并尽快解决，就像在医院做检查，通过最新的科学技术手段尽量做到早发现、早解决，避免更严重问题的产生。教师行业是特殊的服务型行业，思想政治教育工作者更是担负着重要的责任，因此必须坚持服务育人的教学理念，从不同方面去观察、引导学生，也从各个方面提升自己的综合素养，充分发挥教学智慧，提升高校思想政治教育精准化水平。思想政治教育工作者应深入挖掘数据内容，将之前难以发现的隐匿信息加以利用，对每天产生的数据进行精准捕捉和采集，并在科学合理的基础上尽可能延展信息，对这些静态数据进行横向整合，最大限度地挖掘数据隐含的信息，从而发挥数据的最大价值，即静态数据显性化。

（二）动态数据纵向分析

　　高校思想政治教育精准化要借助数据采集技术，对现实生活中已经存在的、正在产生的和不断变化的数据进行采集。由于数据时时刻刻都在产生，所以对动态数据的处理就显得尤为关键，也就是在产生数据之后，数据采集方就要通过各种手段，使欲抓取数据可以按预设频率更新。目前，从技术手段上来讲，数据可以实现每年、每日甚至是每分每秒的不同频率更新，思想政治教育工作者根据数据本身的特点与教学的需要，分门别类地对不同种类的数据进行多频率更新追踪，达到对所想要的数据进行完整、全面的了解，这就是处理动态教育数据的基本流程。

　　在高校思想政治教育精准化的过程中，动态数据主要是指不同群体、不同个体的阶段性特征，这一特征从广义上讲会伴随一个人的整个人生过程，所以思想政治教育工作者需要更加专注于会对思想政治教育产生影响的、与思想政治教育强相关的动态数据，如学生个体、个体间的学习进度、成绩进步幅度以及不同阶段某一学科的课后作业表现等。对于这些数据的处理方法是动态关联分析与追踪，这样才能最有效地发挥这些原始数据的特性，而当这些数据分别以图表、报告和示意图等不同方式呈现给学校、教师、家长、学生时，对于动态数据的纵向对比可视显性化就起到了其技术上该有的作用。这样的方式可以客观地呈现出学生个体、个体间、群体的阶段性特征，作为教育供给方的学校、教师和作为教育需求方的学生都可以直观地感受到这些特征的阶段性发展变化，从而形成对学生个体和群体的画像。

思想政治教育工作者可以根据大数据平台的采集结果进行高校思想政治教育精准化的具体实践，如学生在全校通识课阶段的成绩比较优秀，但是进入专业课阶段后相关课程成绩出现了一定幅度的下降，错题在主观题和客观题的分布上也有一定规律，这时思想政治教育工作者就应该及时关注这个现象，与该学生一起分析具体原因，对这样的动态变化数据进行纵向可视化分析，进而为学生提供学习引导。

在高校思想政治教育精准化与大数据技术精准采集相结合的具体实践过程中，思想政治教育工作者可以更便捷、更明确地获取学生的思想情况和学习情况的数据及结果，学生也可以更有针对性地对不同学科进行不同学习方法的调整与学习时间的分配。在静态数据横向整合显性化和动态数据纵向分析显性化的基础上，推进构建当代高校思想政治教育大数据共享平台的建设，构筑高校思想政治教育精准化的"前沿阵地"，能够为精准供给教育内容提供科学的分析依据和重要的参考资料。

二、思想政治教育对象的精准识别

（一）精准定位大学生行为方式

思想政治教育精准化不可避免地成为大数据时代思想政治学科长效发展的必然趋势，是一个教育连贯过程，也是一个长远目标。高校思想政治教育工作者要在思想上重视大数据，在教学过程中积极使用大数据，做到认知思维与实践相统一。大数据作为发展高校教育的新生代力量有着得天独厚的条件，对精准定位大学生行为方式要分三步走。

首先，生活在网络时代的大学生接受教育的全过程与网络有着密切联系，课内外的学习时刻会运用到互联网，对网络技术的熟练运用引发了大学生对现代化信息科技的美好憧憬。在传统的高校思想政治教育中，教师在课堂上占有主导地位，在教与学的过程中有一定的认知偏差，导致主客体颠倒，以课堂为主的"大水漫灌式"的教育方式束缚了教学思维的发散，使思想政治教育理论化，缺乏从理论引导到实际行动的思维传输。

其次，强化大学生的主体地位。大学生活跃的思维致使其行为表现出层次化、多样化的特点，客观环境的变化对其思想行为往往有较大影响。"大数据＋思想政治"的精准定位可以对大学生思想行为的不确定性进行精细化把握，因此高校和教师都要积极面对"大数据＋思想政治"的时代趋势，主动融入科技与教育交融的发展大流，根据学生的课堂表现，有针对性地对大学生的校园行为数据进行整合分析，在理论引领的基础上，依托数据定位，强化实践感知。教师自身要加强对学生行为数据的重视，主动参与并研习大学生思想政治建设与大数据的内在关系，知晓大数据能给自身教学带来的便利性，清楚大数据在思想政治教学中的相关运用方法等，提高教学思维认知的迫切性和主动性。

最后，落实理论授课与课外数据定位的有效协同。教师对教学运行情况和大学生课外数据定位情况要时刻做好理论数据与实践数据的对接，根据一段时间的数据清洗和问题汇总，从大学生群体中发掘"特殊个体"，从而进行有针对性的思想政治教育。学校对于教育计划的导向要有格调鲜明的大数据理念，明晰"大数据＋思想政治"的教学任务导向，从理论导向和实践认知优势互补入手，有的放矢地实现大数据对大学生行为差异的数据定位。

（二）精准解析大学生思想动态

良好的学情掌握是辅导员开展思想政治教育精准管理的基础，只有掌握学生的思想动态，才能根据实际情况设定管理目标、制订管理计划、组织管理活动，才能达成在大数据时代的思想政治教育精准管理目标。

第一，从辅导员的角度而言，精准地掌握大学生的学情，需要提升自身的管理技能。首先是提升基本的数据管理能力，不仅仅是对以往学生具体的家庭信息、个人成绩等小数据信息的管理，更要提升针对大数据信息的敏锐度。辅导员可以通过自学的方式学习相关的数据信息技能，也可以通过高校中学院与学院互助的形式学习大数据专业知识。其次是提升关联度分析能力。关联度分析能力不仅指的是针对学生的数据信息关联度的分析能力，还包括对学生日常生活的关联度分析能力。因此，大数据不仅为辅导员提供了一种方法和手段，更为辅导员提供了一种解决问题的思路。最后是提升开拓视野能力。大数据时代带来的是一个时代的变迁，开拓视野能力无疑成了极为重要的能力。辅导员必须注重对知识的获取、实践的提升，两相作用拓宽自己的视野范围，用更为宽广的视野完成大数据时代的思想政治教育精准管理工作。

第二，管理过程中要注重精准管理。首先，在依靠大数据的基础上，加强辅导员的管理经验，掌握学生的思想动态。在大数据技术融入思想政治教育精准管理的过程中，不能一味强调技术在其中的主导作用，任何时期的管理工作都要从人的角度出发进行探索，因此一方面需要借助大数据的管理优势，另一方面需要发挥辅导员的主观能动性。辅导员应注重管理经验的积累与分享，将长期以来积累的思想政治教育管理中的工作经验运用到对数据的分析探索中。其次，根据学生的个人画像制订管理计划。辅导员可以采用聚类分析的方法将大学生的个人画像进行分类，先拟订学生大类的管理计划，在此基础上根据性格、家庭等因素制订细致的管理计划，最终形成对大学生个人具有针对性的思想政治教育管理计划。这样一来，不仅提升了思想政治教育管理的实效性，而且能够帮助辅导员全体减量提质。最后，运用数据记录学生成长，做好大数据时代的管理工作。数据的收集与数据的使用同等重要，辅导员不仅是数据的使用者，更是数据的收集者，只有巨量的数据资源才能够形成更为准确的大学生数字画像，因此在平时生活中，辅导员应注意对数据资源的收集。

第三，拉近与学生的心理距离。作为大学生人生的领路人，辅导员应走进大学生的心理世界，消除与学生之间的隔阂，强化思想政治教育管理的主体责任。辅导员可应用大数据手段了解与大学生有关的高频热点新闻，紧抓时政内容，及时跟进思想政治教育管理工作，实现及时化、精准化的思想政治教育管理，缩小管理工作与大学生思想动态变化的时差。

（三）精准把握大学生内在需求

当代大学生有鲜明时代特征的同时，其内在需求也呈现出独特性，不同个体的内在需求随着认知、情感、环境等因素的不断变化而变化。思想政治教育工作者需要借助大数据对大学生日趋多样化、多元化的现实需求进行精准剖析，具体应从以下两个方面着手。

1. 大学生自身的成长需求

大学生的成长需求包含心理需求和现实需求。针对现实需求，思想政治教育工作者可以通过视听的方式获取，尽管不够全面，但至少能够达到一定的掌握程度。但是，心理需求作为一个内生变量是无法通过视听的方式捕捉的，而思想政治教育关注更多的就是大学生的心理需求这个内生变量。思想政治教育工作者可以通过大数据技术对学生的行为数据进行搜集，最大化地形成一个学生日常行为的外在存量，并通过这一外在存量来分析内生变量，从而突破无法获取学生的心理需求这一困境。

2. 社会发展的时代需求

大学生的成长是其自身需要，更是民族复兴的需要。当代大学生普遍有强烈的责任担当意识，对于成为"四有新人"的渴望度较高，在道德与理想价值追求上是一致的，都是精神层面的，而文化与纪律则与日常生活息息相关。精神涵养与现实塑造的统一，是大学生对思想政治教育内容供给的深刻体现，思想政治教育工作者在教学过程中要紧密结合大学生对"四有新人"的渴望，在信念上引导大学生"识大势"，在精神上引导学生"存大我"，在价值上引导学生"养大德"。

三、场域、对象差异化的精准研判

高校思想政治教育精准化的第三个重要部分是精准研判具有差异性的教育对象和教育场域，即在精准采集各类数据信息的基础上，精准解析学生群体、类别群体、学生个体的特征和思想需求以及不同场域中的学生的思想特点。在如今现代信息技术不断发展的大背景下，传统思想政治教育的工作形式、工作机制以及工作理念都已经发生了重大改变。在实践中，精准研判建立在拥有足量数据的高校思想政治教育大数据共享平台的基础之上，是针对采集到的信息进行准确解析与掌握，包括学生的学习状态、日常在校生活等信息。通过精准研判，思想政治教育工作者可以更准确地把握学生的个体特征、不同学生在学习与生活中存在的困惑、不同学生群体的特征以及个体、群体的特殊需求等，发挥大数据技术的样本特征反映总体趋势的特点，尽可能接近大学生的真实需求，这是整个高校思想政治教育精准化的关键部分。

（一）精准研判学生个体思想差异

学生个体的学习状态和思想差异是产生不同教学效果的重要原因。在数据驱动下，教师精准研判学生的个体思想差异成为可能。精准思维是针对事物的本质特征提出针对性策略的思维方式，与马克思主义科学方法论中的具体问题具体分析不谋而合。从精准思维出发，思想政治教育工作者在实践中要学会换位思考，站在学生的角度，想学生之所想，精准挖掘和把握学生的个体思想差异。

在精准研判的具体实践中，思想政治教育工作者要结合最前沿的大数据技术为学生"把好脉"，利用好高校思想政治教育大数据共享平台，在数据采集之后，贴合学生的需求把数据采集结果利用起来。将采集到的全生命周期的、具有关联性和交叉性的数据进行横向联通与纵向串联，比如学生的家庭情况、学习状态、何时受过何表彰、实践活动以及其他必要信息等，使各种数据可以精准匹配到具体的思想政治教育场景中。紧接着，再结合目前互联网行业与数据论相关研究中的深度学习理论，并联系教育心理学、社会学等相关学科知识，以具体的学生视角精准且科学地对学生所处状态进行研判，从而可以为高校思想政治教育精准施策提供强有力的支持。

具体来看，对于学生个体思想差异的精准研判，首先要包括学习状态的监控与采集，这是能够反映学生学习阶段特征的最重要的依据，显然要作为精准研判的首要环节；其次，在学生的日常生活特别是集体生活中，由于学生所处的环境与家庭环境不同，思想政治教育工作者应观察与分析其生活状态和心理状况有没有异常的变化；再次，对于学生与同学、室友的交往，以及其在校外的社交活动，思想政治教育工作者也要尽可能地进行分类解析；最后，高校学生的就业意愿与毕业去向（包括但不限于升学、就业、待业）、个人家庭环境与经济状况所造成的学生心理方面的问题等，都是精准研判需要进行科学区分的内容。有些数据采集结果可能是整体性特征的研究判定，有些数据采集结果可能是个性问题的发现研判。针对上述内容，思想政治教育工作者要有的放矢地发挥教育智慧，并加以区分与判别。针对整体性的问题，思想政治教育工作者可以从整体上把握当前阶段学生的成长规律，对学生存在的一些共性问题进行专门辅导；而针对个体化或者说个性化的问题，思想政治教育工作者可以借助大数据平台对学生生活行为的研判，在发现异常行为触发相关预警机制后，及时通过教育经验与大数据采集推荐结果分析学生面临的问题与困扰，及时地对其进行心理辅导和思想引导，对错误行为进行纠错纠正，使思想政治教育达到事半功倍的效果。

在对学生个体思想差异进行精准研判的整个过程中，思想政治教育工作者要始终坚持站在学生的角度，构建一幅幅完整且动态的学生画像。思想政治教育在对教育对象进行精准研判的维度下慢慢实现由粗放式教育到精准教育、由"大水漫灌"到"精准滴灌"的转变，使高校思想政治教育精准化的实践轮廓更加清晰明了。

（二）精准研判不同教育场域差异

教育场域对人的影响是潜移默化的，高校思想政治教育需要重视对学生所处不同场域的差异进行细化和精准的研判。学生所处的场域不同，表现出的数据信息也会有差异，因此思想政治教育工作者要站在学生的角度，尽可能全面地模拟学生可能要面对的各类具体场景，避免遗漏可能会对学生的学习状态和思想行为解析产生重要影响的场域。

具体来说，学生所处的不同场域主要包括班级、学习小组、宿舍、家庭和课外实践场所，除此之外，还有一些容易被忽视的可能会影响精准研判结果的场域，比如党支部或团支部、学生社团和网络虚拟空间。首先，在实践中对班级与学习小组的场域分析，是最为基础的场域精准研判内容。在这些学习场景中需要准确研判的内容应与精准采集学生数据信息和精准研判学生个体差异有机衔接，比如学生在上课时是否认真听讲，以及在课下小组作业的完成中，与组员的合作过程情况、最后的学习成果汇报情况以及课下作业的完成情况等。其次，要重视对宿舍这一特殊场域的研判。和谐愉快的寝室关系和积极向上、互相督促、共同进步的学习氛围能够对思想政治教育起到正向作用，分析寝室矛盾的成因、引导学生构建良好的寝室关系也是思想政治教育的一部分。再次，不能忽视对家庭环境的场域研判。学生在家庭环境中特别是在父母长辈的影响下会表现出不同的状态，因此思想政治教育工作者应建立家校联合的沟通机制，与学生家长共同引导学生。此外，思想政治教育工作者还需要对特殊家庭给予更多关注，比如单亲家庭、留守儿童家庭等。在对特殊家庭的学生进行针对性分析之后，思想政治教育工作者可以更有效地开导学生思想、疏通学生的心理障碍，同时维护学生的隐私，从而保护他们的自尊心。最后，要精准研判学生在课外实践活动中的思想和行为。课外实践活动是影响学生在学校和小组学习中的学习效果和落实成效的关键部分，因此思想政治教育工作者要积极引导学生将在课本上、课堂上学到的知识利用起来，将学习到的政治理论知识转化为行动，践行社会主义核心价值观。精准研判学生在课外实践活动中的思想和行为，能更加有效地促进高校思想政治教育精准化的工作。

对于一般情况下容易被忽视的几个场域的数据信息，思想政治教育工作者需要进行更加深入的研判。首先是党支部和团支部，学生在这个场域中会将课堂上学到的政治理论知识对应到具体的实践活动场景中，在对这一类场域进行研判之后，思想政治教育工作者可以有意识地引导学生加深对党的基本理论知识的理解，进行适当的理论知识补充与教育引导，增强学生的政治认同感，拥护中国共产党的领导。其次是学生社团。高校的学生社团是开展隐性思想政治教育的重要阵地，是学生以共同兴趣爱好为纽带组成的艺术类或文化类团体，这些社团中有些是基于体育运动、乐理乐器等的兴趣社团，也有一些文学社、英语社等与学习有关的社团。社团活动是否能够让学生得到一定的成长，是否能够起到劳逸结合、调节思路的作用，是否能够增进思想交流、起到正面积极的作用是需要思想政治教育工作者加以细致研判的重要部分。最后是网络虚拟空间。随着网络信息技术的进一步发展，信息时代已经在朝着数据时代过渡。网络虚拟空间是一个全新的思想政治教育场域，其影响范围广，信息传播速度快，是不可忽视的思想政治教育阵地。在网络时代，几乎每个人每天都在与网络打交道，大学生每天都会接触到各类社交媒体、移动支付软件、网络学习平台等，因此对网络虚拟空间的信息采集、数据采集与不同场域差异的精准研判就显得尤为重要。网络虚拟空间存在复杂性和多面性，给学生带来便利的同时也暗藏着许多危害学生思想、削弱主流意识形态话语权的信息，所以对这个特殊场域的精准研判不可或缺。

在高校思想政治教育精准化实践过程中，精准研判就是在精准采集的基础上对采集结果进行进一步的解析处理、科学辨别，思想政治教育工作者一定要注重学生的个体差异和不同场域的差异，特别是加强对特殊学生个体和网络虚拟空间数据信息的研判，一步步实现课堂教学与课后实践的全媒体化，促使思想政治教育可以实现由"精准滴灌"到"追踪补灌"的不断发展。

四、思想政治教育内容的精准供给

思想政治教育的内容供给要以立德树人根本任务为客观依据，同时要以大学生的现实行为为实践依据。要想做好思想政治教育内容的精准供给，必然要结合大数据技术，以客观依据和实践依据为导向。精准化作为大数据时代思想政治教育的现实样态，利用大数据掌握大学生的精准需求是基础。思想政治教育内容的精准供给作为实现精准化的目标任务，供给元素有必要深入结合大学生的日常思想行为和高校课堂，以"因事而化，内容供给的针对性""因时而进，内容供给的时效性""因势而新，内容供给的鲜活性"三个基点，助力思想政治教育精准化在大数据时代供需平衡的实现。

（一）内容供给的针对性

教师是优化供给结构的核心人物、实现精准化教学内容供给的主导者，肩负着传道授业解惑育人的历史使命。科技的成熟演进，让大数据与思想政治教育的融合成为思想政治教学的时代趋势，如何提高内容供给的针对性是对教师队伍的一个新考验。在大数据时代，教师队伍由经验型教学转向科学化教学势在必行。大数据时代赋予了教师课堂改革的技术动能，建设大数据时代"应运型"师资队伍，力求供给内容实现个体差异的针对性，应该从大数据思维建设能力、大数据环境运用能力、大数据课堂发掘能力等入手为思维向导精准施策。首先，大数据思维建设能力。教师要善于用数据敏感思维感知获取大数据教学资源，能够快速熟练地运用大数据相关平台，脑海中对教学知识有清晰的数据定位，能够快速精准地推送给学生与教学内容相关的权威学习平台，帮助学生课内学习、课外拓展，运用大数据思维将灌输性主动联结启发性至自主性的思维革新。其次，大数据环境运用能力。大数据与思想政治教育的融合发展，给内容供给空间提供了一个情景交融、情感共鸣的虚实转换平台，广大教师要对大数据教学环境有敏感的把控，能有效借助大数据所衍生出来的现代化技术和数字媒体，以学生的具体需求为目标取向，将各个资源平台的学习资源有效整合，形成多渠道教育资源挖掘智能化。最后，大数据课堂发掘能力。除了数据化整合教学资源外，思想政治教育工作者对大数据课堂的挖掘还要将所挖掘的知识系统化处理对标精细化处理，使之生成有针对性的教育资源。

（二）内容供给的时效性

科技革命引发了"互联网＋"战略思维，"互联网＋"已经成为如今各行各业现代化发展的思维理念，"大数据＋"作为"互联网＋"的一个范畴引入高校思想政治教育，是一个新的历史纪元。高校思想政治教育对大学生行为意识的培养，以知、情、意、行为基本脉络，在大数据教学环境中，教师的教学内容要因时而进，结合思想政治教育的实效性特征和大学生特定空间的个性需求，力求时空转换与内容供给的与时俱进。

（三）内容供给的鲜活性

大数据相关技术的变革发展，可以有效挖掘一系列体裁创新的鲜活教学案例。教学案例作为教育引领传播的内容诠释和必要途径，在现代化教育中扮演的角色越来越重要，教学案例的选择直接影响大学生对思想政治教育内容的接受率。科技的发展引发了生产力的变革，传统的语言讲授已经很难满足当下大学生的现实需求，数据资源的整合利用是大数据时代打造鲜活供给内容亟待解决的一个难题。结合当下大学生思想政治教育精准化的现状，打造鲜活供给内容可以从以下几个方面着手。

1. 完善创新内容供给机制

大数据教学平台应该是一个集内容供给和资源整合于一体的新平台，涉及学校教学过程的多个环节，需要联合发力、多维协同、共同推进。供给结构创新是保障供给内容鲜活性的必要条件，高校针对大数据在教学中的运用，要有明确的规划蓝图和详细的推进计划，让全体教学人员心中有数，方便制订教学计划。供给结构的创新运作，对大数据教学平台的升级提出了更高的要求，资金投入是必不可少的。大数据作为现代化科技产物，部分硬件设施在精度和准度方面的要求颇高，充足的资金是大数据技术升级的切实保障。

2.构建开放型与个性化双联动格局

运用大数据开展大学生思想政治教育是在借鉴外国大数据教育领域的基础上形成的学科教学精准化延伸。大数据的准确性、交互性、多样性、精细化促进了大学生思想政治教育精准化的发展，大数据教育资源的开发与运用不应该是每个学校单独所建所享，而应该打破地域、学校的限制交互共享。例如目前以超星学习通为代表的大数据教学资源平台正在强势崛起，但关于思想政治教育的内容还不是很全面，因此要在此基础上发展构建更多权威且专业的大数据教学资源共享平台，从而实现教育资源个性化的精准对接，使大学生思想政治教育朝着多元化且个性化的方向快速发展。

3.建立大数据资源创新激励机制

高校之间的大数据资源共享是一个系统的过程，集结各高校的建设优势，有必要打造稳定长期的教育资源共同体格局，使资源互利、教育互惠成为大数据教学资源开发的时代主题，根据国家、学校的相关政策，制定系统的奖励制度，提高教师队伍参与的积极性，真正打造大数据资源共享双赢局面。

五、供给结构科学化的精准决策

精准决策旨在优化思想政治教育育人体系，促进第一课堂与第二课堂的整体性衔接，使思想政治教育供给结构更为科学，即科学合理地给予课堂教学指导和社会实践、就业创业等辅导。思想政治教育工作者应以具体的学生个体与整体为对象、以最恰当适合的教学内容为供给资源，结合大数据技术成果，凭借自身丰富的理论知识、实践经验和大数据素养，在恰当时机为学生还原真实的体验场景并精准地进行沉浸式的教学引导。在精准决策的具体实践过程中，思想政治教育工作者要不断推进科学决策与实践系统的建设与发展，形成高校思想政治教育精准化的长效机制。

（一）提供课堂教学指导

课堂教学环节一直是思想政治教育的核心环节，思想政治教育工作者要跟随时代变化与发展，不断优化自身的课堂教学供给，尽可能实现教学内容与教学需求的高度统一与精确对接。具有针对性和时效性的课堂内容可以有效提高教育效果，也是思想政治教育精准化的内在需求。

精选教学内容，注重思想政治教育课堂教学内容的理论性、时代性与实践性是对思想政治教育工作者的基本要求，也是高校思想政治教育精准化的工作要求。首先，课堂教学环节要注重强化教学内容的理论性，不能忽视内容第一的原则。思想政治教育本身就是理论性比较强的一门学科，所以教师要有意识地引导学生注重教学内容本身的逻辑性。教师只有将马克思主义理论知识讲透彻，才能让学生真正理解马克思主义为什么好，才能用科学的理论说服人。其次，思想政治教育也是时代性和实践性的有机统一，因此，在教学供给中要突出思想政治教育内容的现实性、时代性，反映当前时代的特色，融入现实需求，最终指导具体实践。在迈向第二个百年奋斗目标的征程中，思想政治教育担负着前所未有的历史使命，引导学生将实现"中国梦"与实现"个人梦"结合起来，把个人理想抱负融汇到历史发展的长河中来。让内在的知识外化为实践，由理论转化为行动，是思想政治教育的最终诉求和落脚点。因此，指引学生在实际生活中学会运用马克思主义辩证思维看待荣辱得失，正确认识自身价值，树立正确的择业观、幸福观、人生观，面对挫折和困难时能够有坚韧不拔的毅力，做好"量的积累"，寻求"质的突破"，这些都体现了思想政治教育内容的实践性指向。

当前，课堂教学可依托的教学载体日渐丰富，在教育载体的运用方面可以将传统的课堂教育场景进一步转变为全媒体场景的大融合。在互联网信息技术飞速发展的今天，学生和教师的日常课堂教学有了更多变化，"互联网＋思想政治"的趋势愈发明显。教师可以充分利用新媒体技术辅助课堂教学，不断打破传统模式下课堂教学的空间限制与实践限制，学生可以通过远程课堂实时与教师进行教学内容的交流互动，大大提高了思想政治教育的便利性。线上教学平台的可视化功能也能够帮助教师完成学生个体画像与群体画像，为思想政治教育精准施策提供可行依据。不论是有针对性的知识传授、多种传播方式的视听教学、抽象理论的全方位展现，还是丰富的实践机会和参与机会，都能够大大提升学生对思想政治课的兴趣，从而使学生对课堂教学内容的理解更加深刻持久，教育效果的提升也将不言而喻。在课堂教学内容与形式的不断更新中，科学决策与实践系统的建立也就有了现实意义与可能，在精准采集和精准研判工作中建立的高校思想政治教育大数据共享平台的基础上，每一所学校都可以建设自己的科学决策与实践系统，并且随着学校信息技术和管理水平的不断提高，一体化、智能化的教育教学服务系统也能更好地适应社会的发展。

（二）提供社会实践指导

提供精准清晰的社会实践、就业创业等方面的指导是高校思想政治教育不可忽视的工作内容。优化育人体系必须重视第二课堂与第一课堂的衔接，使精准决策实践结构更加科学，尤其是在近年来高校毕业生就业压力不断增大的情况下，高校学生在心理疏导和职业规划方面的需求愈发迫切，要求思想政治教育工作者及时给予学生精细化的社会实践和就业创业指导。高校的育人功能不仅体现在知识的传授方面，更体现在全方位提升大学生的综合能力和素养方面。作为进入社会的前一站，高校中社会实践与就业创业的机会必定会对学生的职业生涯乃至整个人生产生深远的影响。因此，思想政治教育工作者必须在精准决策环节通过数据采集以及分析的结果对高校学生进行有针对性的职业生涯规划引导与求职创业的指导，提供与课堂教学内容相匹配的社会实践机会与场地。

具体来说，高校的社会实践环节与学工数据相对应，思想政治教育工作者应通过对学生的社会实践活动引导、心理健康疏导和成长指导，与课堂教学这个"第一课堂"场景相衔接、相匹配、相补充，充分发挥社会实践这个"第二课堂"的作用。高校学生有充足的课余时间进行社会实践活动，例如，对课堂上某一课题进行实地考察，在这一过程中能够巩固并深化所学知识，形成理论与实践相结合的思维方式，将自身与社会更紧密地联系起来，引发对理论知识更深层次的思考，而不是简单地通过周围人的叙述与观点看待问题和认识社会。实地考察不仅对农学、生物学等理工科专业的学生有很强的实际意义，对社会学等人文类学科专业的学生也有很强的现实意义，从深入了解社会真实生活现状的角度出发，能够对高校学生的思想认知产生深远影响。思想政治教育工作者应定期带领学生参加与课堂教学内容相匹配的社会实践活动，精选教育实践场地与场景，并在这一过程中提出关键性问题引发学生思考，加强学生对理论学习的认识，使得内化的知识外化为实践行为。

六、数据化素养能力的精准培养

（一）培养大数据思维方式

大数据既是一门信息技术，也是一种思维理念。拥有科学的大数据思维方式，是跻身大数据时代的必由之路，也是驾驭大数据技术的基本之道。高校思想政治教育工作者作为传道授业解惑的重要主体，要紧跟数字化时代的发展潮流，转变思维的方式方法，提高数据信息的掌控能力。

第一，树立全局思维，变革传统样本分析的方法。随着现代化信息技术的发展，人们的一切思想和行为都被记录与储存了下来，并转化为可测量、可分析的数据代码，人类已经进入了"样本＝总体"的大数据时代。高校思想政治教育工作者要打破见微知著的思维模式，转变抽样调查、个案访谈等传统方法，避免随机采样可能带来的数据丢失与片面认知；从整体与全局出发，尽可能多地掌握大学生的信息数据，从不同维度展开分析与考察，全面把握大学生的思想行为全貌。

第二，树立相关思维，摆脱传统因果关系的束缚。从不同的数据序列之中探寻相关关系，而非耗时耗力地追求因果关系，已成为大数据时代的显著标识。"建立在相关关系分析法的基础上的预测是大数据的核心"，大数据的相关性分析可以便捷、高效、科学地发现数据之间的关键节点，构建出现实与未来的横向联系，进而预测事物发展的趋势走向。大学生的思想错综复杂，由此产生的数据数量庞大、种类繁多、结构多元，思想政治教育工作者难以从中快速地厘清因果关系。为此，思想政治教育工作者要转变思维方式，更加注重相关关系，摆脱传统的一味追求因果关系的执念，对大学生的学习成绩、兴趣爱好、社会实践、心理素质等数据进行相关性分析，科学预测大学生未来的思想动态、行为取向，进而预防网络舆情、突发事件甚至违法犯罪的发生。

第三，树立容错思维，克服传统精确认知的局限性。在小数据时代，由于数据获取的来之不易以及数据样本的稀少贫乏，人们格外关注数据的精确性；而在大数据时代，海量的数据放松了容错标准，人们更加重视数据的完整性，允许不精确的存在。的确如此，尤其是在思想政治教育工作中，每个大学生都是独一无二的个体，无法准确无误地采集庞大的数据信息，也无法构建统一的标准对之精确量化。因此，思想政治教育工作者要树立容错思维，不再纠结于数据的精准性，适度接受错误与不完美的存在，立足全样本数据展开分析预测，宏观把握大学生的思想观念、行为表征，优化思想政治教育工作整体布局。

（二）加强大数据实践运用

在数字化时代，人类从未停止过对大数据的探索，可以说"人类以前延续的是文明，现在传承的是信息"。如今，大数据已经在各行各业扎根生长，足以成为催生一个领域变革的新生力量。思想政治教育工作者作为高校立德树人的关键人物，要顺势而为、乘势而上，抓住现代化信息技术迅猛发展的时代红利，强化大数据在思想政治教育工作中的实践运用，提升大学生事务管理的科学性、精准性、实效性。掌握大数据方法原理是前提。大数据具有显著的学科交叉特征，涉及计算机科学、数学和统计学等，高校思想政治教育工作者要借助网络中的海量资源，主动学习大数据的基本原理和方法，找准大数据与思想政治教育工作的契合点，明晰教学中哪些方面应该强化大数据的运用，以及如何发挥大数据的价值助力大学生事务的管理。提升大数据操作技能是关键。大数据技术包括感知技术、储存技术、云计算技术、分布式技术等，其中最为核心的就是大数据采集、储存和分析技术。高校要竭尽全力搭建学习平台，通过专题讲座、现场实操、专人指导等方式加强对思想政治教育工作者的大数据操作技能培训，鼓励思想政治教育工作者前往大数据企业挂职，参与教育大数据相关项目的研发，帮助思想政治教育工作主体熟悉数据采集工具，掌握数据清洗流程，了解数据存储平台，通晓数据分析方法。值得注意的是，高校要明确思想政治教育工作主体的学科差异性，分层分类进行精准化培养，对于具有大数据学习背景的专业人才要提高标准，提升其数据的采集挖掘能力、分析处理能力、预测评估能力；对于学习背景单一的思想政治理论课教师、辅导员、行政人员，要更加侧重数据化教学、管理与服务。强化大数据在高校思想政治教育工作中的运用是落脚点。得数据者得天下，高校思想政治教育工作者要主动出击、有所作为，以智慧校园中的学生数据库为依托，利用大数据技术精准分析大学生的个人信息，实施科学化的思想政治教育工作策略。

（三）注重大数据伦理规范

科学技术的高速发展创新了数据的采集方法、增强了数据的挖掘能力以及扩大了数据的使用范围，但大数据处理、分析、反馈都是建立在数据收集的基础上，这很可能造成隐私泄露、数据丢失、数据霸权等伦理风险，给思想政治教育工作带来降维式的打击。高校对学生数据进行全方位采集，大学生的家庭情况、宗教信仰、行为习惯、生理缺陷等个人信息都呈现在思想政治教育工作者的面前，极其容易涉及部分学生的隐私，产生适得其反的效果。同时，隐私泄露事件的发生，常常会给受害人造成不小的精神损害，甚至产生更为严重的后果，这也将加重大学生对数据伦理问题的担心。

大多数大学生十分注重数据信息的安全与个人隐私的保护，因此高校必须制定和完善相应的制度规范，加强数据风险防范与治理，提高思想政治教育工作主体的应对能力，保障大学生的合法权益不受侵害。大数据赋能高校思想政治教育工作，要以立德树人为根本前提，以促进学生全方位发展为中心环节，以提高工作的实效性为最终目标。各大高校必须提前布局，做好大数据相关部门的调研工作，接受学生、教师的意见反馈，邀请相关专家学者开展座谈会，共同商议和制定大数据的相关伦理规范。总之，完善大数据伦理规范，涉及面要广、层次要深，确保大数据处理的各个环节符合要求、监管有力。

七、反馈机制系统化的精准评价

高校思想政治教育精准化的最后一步是反馈机制系统化的精准评价，包括对思想政治教育工作进行全流程、全周期、全方位的追踪与记录，以及在此记录基础上进行评估与反馈。这两个步骤都是精准评价的具体工作要求与内容，但其侧重点不同，前者重在保留最新鲜、最原始的工作数据与详细内容情况，从而在根本上保证思想政治教育工作者的服务支持可以实现实时化；而后者重在回顾整个工作流程，对其中的薄弱环节进行改进，从而使高校思想政治教育精准化工作可以更加有效地进行。

（一）构建动态反馈指标系统

首先，构建动态反馈指标系统要循环且持久地进行教育、管理与服务。根据精准采集与精准研判的工作特点，要加工与利用的学生数据本身是动态产生的，并且带有很强的时效性，也就是说，数据本身的特性已经打破了以往教育工作的时间、空间壁垒，所以对于伴随整个思想政治教育生命周期的精准解析就不能局限于一次性、即时性和阶段性。除此之外，精准决策的具体实践也不是一蹴而就的，不论是在课堂上对学生的引导还是在课下对学生的实践指导，思想政治教育工作者都会通过长期观察与定期沟通来保证引导的效果与服务教育的精准性。在这样的思路方法下，持续追踪全方位的数据与具体实践工作效果，能够为不同学生或者不同学生群体制订差异化的培养方案打下坚实基础，也能推动高校思想政治教育精准化的具体落实，最终实现全时性的育人目标。

其次，构建动态反馈指标系统要注重对比评价。数据产生和数据采集都是有时间先后顺序的，既然对数据的解析会产生时间差异，那么进行精准评价时就应该注重时间的不同而导致的数据本身与数据分析报告的差异。在管理部门和思想政治教育工作者对学生进行全方位评估时，通过前后数据的比较，能够更加准确地掌握学生的思想动态，不断提升精准决策实施方案的具体效果，解决在决策过程中可能出现的问题，从而在下一周期以及未来的思想政治教育中实施更加有针对性、效果更加显著、更加精准的措施，将学生的满足感与获得感作为评价思想政治教育效果的依据，最终实现全方位育人的目标。精准评价注重动态与实时反馈的工作原则，因此，要不断促进高校思想政治教育精准化的动态与实时反馈系统的建设与发展，特别是通过该系统保证精准决策具体实践和教育成果的长效化。

（二）优化教育质量评定方式

思想政治教育的评定方式是检验高校思想政治教育精准化质量成效的重要依据。基于学生的学习数据与学校的学工数据等海量数据，构建动态评估与实时反馈系统，不只是对学生、教师互相的行为数据进行评估、反馈和评价，更是对精准采集、精准研判与精准决策具体实践的成效进行把握。在该系统中建立涵盖多场景、多维度、科学的反馈评价模型，通过主动识别、无感采集、主动辨识等技术，实时跟踪、判定与检测，形成一整套适用于高校的评定方式，从而可以站在科学且合理的角度去评价思想政治教育精准化的结果。当教育结果出现偏差时，及时反思与调整，使得思想政治教育工作者的工作目标、工作过程与工作结果可以一直朝着复合性、全时性、时代性的方向前进。

具体来说，精准评价是要在传统的思想政治教育质量评定方式的基础上去粗取精，结合信息技术手段进行创新，形成一整套全新的评价体系。一是要关联不同的评价项目，在各个维度进行协同评价。要找准抓手，以不同学生与教师、不同学生个体与学生整体、不同高校与高校之间的评价依据关联性为着手点，依托之前建立的当代高校思想政治教育大数据共享平台，设置不同因素、不同权重、不同模型的反馈系统与评价体系，综合运用类似 IPLES 系统、CIPP 评估模型和 SPSS Modeler 软件的聚类分析等新技术手段，对学生个体的知识水平与综合能力、学生整体的学习态度与价值观念以及思想政治教育工作者的工作方法与创新思维进行全方位的多元评价，使得不同评价项目的评价依据更加科学，具有更加广泛的适用性，从而提高精准评价乃至高校思想政治教育的有效性与针对性。二是将实时反馈贯穿评定系统的全过程，不能只注重教育结果，而是更加关注教学过程，这样才能优化思想政治教育的评价结构。比如对数据主体选取更加合理的参数、利用人工智能技术进行监督等，共同对教学过程进行分析评价。三是将评价结果合理延伸到不同方面，而不是单一的指向性评价。比如运用大数据遗传算法的投影寻踪聚类模型等进行关联性的结果性评价，实现评价结果从单一到多维、从显性到隐性、从宏观到微观的时空延展，促使实时反馈与动态评估结果可重复、可检验，从而使得精准评价结果更加科学合理且客观。

优化教育质量的评定方式要基于动态评估与实时反馈系统的建立，主要包括三个反馈评价内容体系：一是行为评估体系，比如对大学生的门禁记录、就餐记录、考勤情况、社团参与情况等信息进行关联分析，发现学生动态的变化并构建行为评估体系；二是学业评估体系，对学生的专业素养、课堂教学吸收效果和学业发展规划咨询等方面进行伴随性采集分析，从而对高校整体的教学质量进行评价并构建学业评估体系；三是资助评估体系，主要是指通过恩格尔系数等指标识别家庭经济困难的学生，以此进行适当的、多元化的、发展型的隐蔽资助，从而更好地适应学生的需求并构建资助评估体系。这三项指标体系实质上也对应了管理协同与制度保障系统，使得整个高校形成了在党委领导下各部门协同管理，且有专门制度对精准评价工作进行保障的工作机制，更好地引导学生并为其提供个性化服务。

参 考 文 献

［1］陈燕.思想政治教育社会治理功能研究［M］.北京：中央编译出版社，2019.

［2］黄小华.思想政治教育价值实现论［M］.北京：光明日报出版社，2019.

［3］徐辉.心理健康与思想政治教育［M］.北京：首都经济贸易大学出版社，2019.

［4］何玉初，张明辉，陈谊.思想政治教育与教学研究［M］.北京：研究出版社，2019.

［5］董雅华.思想政治教育哲学问题研究［M］.上海：复旦大学出版社，2019.

［6］曾倩.大学生思想政治教育的时代诠释［M］.北京：研究出版社，2019.

［7］王丽.思想政治教育价值结构研究［M］.北京：中央编译出版社，2019.

［8］叶方兴.思想政治教育的社会视界［M］.桂林：广西师范大学出版社，2020.

［9］孙永鲁.新媒体时代思想政治教育传播学创新研究［M］.北京：新华出版社，2020.

［10］程婧.积极思想政治教育研究［M］.天津：南开大学出版社，2020.

［11］刘萍萍.现代思想政治教育的文化价值研究［M］.北京：现代出版社，2021.

［12］倪瑞华.思想政治教育认同基本理论研究［M］.北京：中国民主法制出版社，2021.

［13］李丹丹.网络文化环境下大学生思想政治教育研究［M］.沈阳：辽宁大学出版社，2021.

［14］何宗元.新时代思想政治教育协同育人原理与实践研究［M］.北京：企业管理出版社，2021.

［15］王瑞娜.新时代思想政治教育个体价值及社会实践研究［M］.北京：光明日报出版社，2021.

［16］李晗.网络时代大学生思想政治教育发展与创新研究［M］.沈阳：辽宁人民出版社，2021.

［17］郭鹏.思想政治教育网络传播研究［M］.武汉：武汉大学出版社，2022.

［18］张丹.大数据在高校思想政治工作质量评价体系中的运用［J］.中国新通信，2021，23（19）：243-244.

［19］王西月，李豪男.大数据时代思想政治教育复杂性探微［J］.上海理工大学学报（社会科学版），2021，43（3）：275-280.

［20］寇俊卿.大数据背景下高校思想政治教育模式研究［J］.科教导刊，2021（27）：103-105.

［21］陈中斌.大数据时代高校思想政治教育数据异化的挑战与应对［J］.黑河学院学报，2021，12（9）：33-35.

［22］谢剑辉.大数据时代高校思想政治教育的创新与展望［J］.科教文汇，2021（9）：62-63.

［23］鞠龙克，罗敏.大数据深度融入高校思想政治教育的进路研究［J］.佳木斯大学社会科学学报，2021，39（4）：67-70.

［24］王婷婷.探讨大数据视角下的高校思想政治教育的创新发展［J］.现代职业教育，2021（31）：186-187.